BIBLIOTHEKEN
IN MÜNCHEN

Brigitte Steinert

BIBLIOTHEKEN IN MÜNCHEN

Schatzhäuser des Wissens –
Orte der Begegnung

Volk Verlag München

Die Deutsche Bibliothek verzeichnet diese Publikation in der Deutschen Nationalbibliografie; detaillierte bibliografische Daten sind im Internet über http: //dnb. ddb. de abrufbar.

© 2020 Volk Verlag München
Neumarkter Straße 23, 81673 München
Tel. 089 / 420 79 69 80, Fax: 089 / 420 79 69 86

Druck: DZS Grafik d.o.o., Ljubljana

Alle Rechte, einschließlich derjenigen des auszugsweisen Abdrucks sowie der photomechanischen Wiedergabe, vorbehalten.

ISBN 978-3-86222-363-3

www. volkverlag. de

INHALT

10 Vorwort
13 Einführung

25 **Staatsbibliothek – Universitätsbibliotheken – Stadtbibliothek**

26 Bayerische Staatsbibliothek
31 Ludwig-Maximilians-Universität München
36 Technische Universität München
42 Universität der Bundeswehr München
45 Münchner Stadtbibliothek (auch: Juristische Bibliothek, Fachbibliothek für Philatelie und Postgeschichte, Musikbibliothek, Bibliothek der Monacensia und Literaturarchiv, Kinder- und Jugendbibliothek)

51 **Wissenschaftliche Bibliotheken – Fach- und Spezialbibliotheken**

Fächerübergreifend
52 Bayerische Akademie der Wissenschaften
57 Deutsches Museum
60 Hochschule für angewandte Wissenschaften München
62 Max-Planck-Institute

Botanik, Zoologie
66 Botanik und Mykologie
68 Zoologische Staatssammlung München
Münchner Entomologische Gesellschaft e.V.
Ornithologische Gesellschaft in Bayern e.V.

Mobilität, Technik, Verkehr, Sport

71 ADAC Bibliothek und Sammlungen
74 Deutscher Alpenverein

Recht, Politik, Statistik

76 Bundesfinanzhof
78 Deutsches Patent- und Markenamt
81 Bayerischer Landtag im Maximilianeum
83 Hanns-Seidel-Stiftung

Wirtschaft, Handwerk

85 ifo Institut e.V.
87 Industrie- und Handelskammer für München und Oberbayern
89 Handwerkskammer für München und Oberbayern

Geschichte, Kultur, Landeskunde

90 Staatsarchiv München
93 Bayerisches Hauptstaatsarchiv
97 Stadtarchiv München
102 Bayerisches Landesamt für Denkmalpflege
104 Staatliche Münzsammlung München
106 Kommission für Alte Geschichte und Epigraphik des Deutschen Archäologischen Instituts
107 Monumenta Germaniae Historica
110 Institut für Zeitgeschichte München-Berlin
113 NS-Dokumentationszentrum München
115 Museum Fünf Kontinente
116 Bayerischer Landesverein für Familienkunde e.V.

Geschichte, Kultur und Landeskunde des östlichen Europa

- 118 Bibliotheken mit dem Schwerpunkt „Östliches Europa"
- 120 Haus des Deutschen Ostens
- 121 Institut für deutsche Kultur und Geschichte Südosteuropas e.V.
- 122 Tolstoi-Bibliothek
- 123 Ukrainische Freie Universität
- 123 Wissenschaftliche Bibliothek im Sudetendeutschen Haus

Sprache und Kultur westeuropäischer Länder und der USA

- 125 Amerikahaus
- 128 Institut Français Munich
- 129 Instituto Cervantes München
- 130 Istituto Italiano di Cultura Monaco Di Baviera

Bildende Kunst, Kunstgeschichte

- 131 Bibliotheken der Bildenden Kunst im Kunstareal
- 132 Akademie der bildenden Künste München
- 132 Bayerische Staatsgemäldesammlungen
- 133 Die Neue Sammlung - The Design Museum
- 134 Lenbachhaus
- 136 Staatliche Graphische Sammlung
- 137 Zentralinstitut für Kunstgeschichte
- 141 Bayerisches Nationalmuseum

Theater, Film, Musik, Kostümkunde, Rundfunk

- 143 Deutsches Theatermuseum
- 145 Hochschule für Fernsehen und Film München
- 147 Orff-Zentrum München
- 148 Von Parish Kostümbibliothek
- 151 Bayerischer Rundfunk
- 152 Internationales Zentralinstitut für das Jugend- und Bildungsfernsehen beim Bayerischen Rundfunk

Literatur

- 154 Stiftung Lyrik-Kabinett
- 156 Shakespeare-Forschungsbibliothek München

Kinder- und Jugendliteratur

- 157 Internationale Jugendbibliothek

Sozialwissenschaften

- 161 Deutsches Jugendinstitut e.V.

163 Kirchen, Ordens- und Glaubensgemeinschaften

Katholisch

- 164 Erzbistum München und Freising
- 169 Herzogliches Georgianum
- 172 Hochschule für Philosophie München
- 175 Katholische Stiftungshochschule München-Benediktbeuern
- 176 Franziskanerkloster St. Anna
- 179 Stiftsbibliothek St. Bonifaz
- 181 Katholische, evangelische und ökumenische Büchereien

Evangelisch
185 Landeskirchenamt der Evangelischen Landeskirche von Bayern

Jüdisch
188 Israelitische Kultusgemeinde München und Oberbayern
189 Jüdisches Museum München, Leseraum

Russisch-orthodox
191 Kloster des Hl. Hiob von Počaev

193 Bibliotheken für Menschen mit Behinderung

194 Bayerische Hörbücherei für Blinde, Seh- und Lesebeeinträchtigte e.V.
195 Stiftung Pfennigparade

197 Anhang

198 Glossar
202 Literatur und Quellen
206 Bildnachweis
208 Danksagung

VORWORT

Was jeder kulturinteressierte Münchner gefühlt immer schon gewusst hat, kann man nun schwarz auf weiß nachlesen: Mit rund 150 Bibliotheken zählt die Münchner Bibliothekslandschaft zu den reichsten und vielfältigsten nicht nur in Deutschland, sondern auch im europäischen Maßstab. 76 dieser Bibliotheken werden im vorliegenden Vademecum porträtiert und es ist wirklich alles dabei: von der Münchner Stadtbibliothek, der Bayerischen Staatsbibliothek und der Max Planck Digital Library, von der ADAC Bibliothek, der Bibliothek des Deutschen Alpenvereins bis zur Bibliothek des Bayerischen Landtags, von der Bibliothek des Deutschen Theatermuseums, des Orff-Zentrums bis zur Shakespeare-Forschungsbibliothek und zur Internationalen Jugendbibliothek im Schloss Blutenburg (mein ganz persönlicher Liebling), von der Bibliothek des Erzbistums München und Freising, der Bibliothek der Israelitischen Kultusgemeinde München und Oberbayern bis zur Bibliothek der Stiftung Pfennigparade.

Nun werden Sie vielleicht denken, dass dieses Buch eine Art Stadtführer zu den großen und kleinen, historischen und modernfunktionalen Leselandschaften der Münchner Bibliothekswelt ist, und damit haben Sie auch völlig recht. Aber: Das ist nur ein, und in einigen Einrichtungen vielleicht nicht einmal mehr der wichtigste Aspekt. Nahezu alle hier porträtierten Bibliotheken bieten weit mehr als „Bestände" und „Orte" ihrer Nutzung. Mit ihren anspruchsvollen Veranstaltungsprogrammen und Ausstellungen, ihren Schulungen zur Informationskompetenz, ihren maßgeschneiderten Angeboten für bestimmte gesellschaftliche und soziale Gruppen, ihren Makerspaces, Medialabs und modernen Kommunikationszonen mit hoher Aufenthaltsqualität stellen sie ein unverzichtbares Kernelement der partizipativen Münchner Bürgergesellschaft dar. Als bewusst kommerzfreie Räume sind sie

Dr. Klaus Ceynowa

dabei durchgängig dem Gedanken der gleichberechtigten Teilhabe an Wissen und Bildung verpflichtet.

Und mehr noch: Bei der Lektüre der Bibliotheksporträts werden Sie rasch feststellen, dass sich hinter der „physischen" Bibliothek, in die man hineingehen, sich wohlfühlen, entspannen, klüger werden und – immer noch – echte Bücher lesen und ausleihen kann, eine „zweite" Bibliothek entwickelt hat, die im digitalen Raum vielfältige netzbasierte Dienste für Sie bereithält. Und hier darf ich exemplarisch einmal für „mein" Haus, die Bayerische Staatsbibliothek, sprechen. Mit mehr als 2,5 Millionen digitalisierten Büchern aus ihren Beständen – das entspricht einem Datenvolumen von rund einem Petabyte – bietet die Bayerische Staatsbibliothek den größten digitalen Datenbestand aller deutschen Bibliotheken an, für Sie kostenfrei rund um die Uhr und von jedem Ort dieser Welt aus erreichbar.

Der Durchgang durch die Münchner Bibliothekswelt zeigt damit auch: Scheinbare Gegensätze, die offenbar unausrottbar immer wieder durch die Medienlandschaft geistern, lösen sich in Luft auf. Bibliotheken sind sowohl konkrete, greifbare Orte des Aufenthalts und der Bildung als auch in der Ubiquität des digitalen Raums verortet. Sie sind nach wie vor ganz traditionell Lesesäle und Leihstellen für Medien als auch Orte der Begegnung, des Austauschs und der Versammlung. Und sie haben den abgedroschenen Topos „Print versus Digital" längst hinter sich gelassen: Bibliothekare sind keine Bibliophilen (zumindest nicht, wenn sie „im Dienst" sind); ihnen ist es herzlich gleichgültig, ob Information und Wissen nun auf Palmblättern, Papyrus, Pergament, Papier oder als Petabyte daherkommt.

Betrachten Sie daher das vorliegende Buch als Einladung zum Flanieren durch physische UND virtuelle Bibliothekslandschaften. Egal, ob digital oder gedruckt: In jedem Fall werden Sie in der reichen Münchner Bibliothekslandschaft alles finden, um jeden Abend ein wenig schlauer zu Bett zu gehen, als sie am Morgen aufgewacht sind.

Viel Vergnügen bei der Lektüre,
bleiben Sie neugierig,

Ihr
Dr. Klaus Ceynowa
Generaldirektor der Bayerischen Staatsbibliothek

EINFÜHRUNG

Die Erfindung des Buchdrucks

„Anno Domini M°CCCC°LXVIII uff sant blasius tag starp der ersam meinster Henne Ginssfleiss dem got gnade."[1]

„Henne Ginssfleiss" ist kein anderer als Johannes Gensfleisch, genannt Gutenberg, der Erfinder des Buchdrucks mit beweglichen Metalllettern. Es wird angenommen, dass er zwischen 1399 und 1405 in Mainz geboren wurde und dort am 3. Februar 1468[2] starb. Gutenberg nannte er sich nach dem Hof zum Gutenberg, den er geerbt hatte.

Wie entstanden Bücher vor Gutenbergs Erfindung? Zumeist in den Skriptorien der Klöster, wo gebildete Mönche, die des Lesens und Schreibens kundig waren, in mühsamer Kleinarbeit Buchstabe für Buchstabe, Wort für Wort mit der Hand schrieben. So wurden vorzugsweise christliche Schriften vervielfältigt und mit kunstvoller Buchmalerei geschmückt. Aufgrund der aufwendigen und langwierigen Herstellung konnten nur wenige Exemplare eines Werks durch Abschreiben entstehen. Diese Schätze landeten in den klösterlichen Bibliotheken, wo sie in verschlossenen Schränken sorgsam verwahrt wurden und lediglich einer ausgewählten Leserschaft zur Verfügung standen. Eine lateinische Bibel kostete in Böhmen damals beispielsweise zehn Gulden, was einem Gegenwert von drei ausgewachsenen Ochsen entsprach[3]. Lesen

---

1   Übersetzung: Im Jahr des Herrn 1468 am Sankt Blasius Tag starb der ehrsame Meister Henne Ginsfleiss, dem Gott gnädig sein möge. Original aus: Andreas Venzke: Gutenberg und das Geheimnis der Schwarzen Kunst, Würzburg, 2008.
2   Vgl. ebd., S. 98.
3   www.onetz.de/waldsassen/vermischtes/blbliothek-im-franziskanerkloster-in-chebeger-weisheit-in-kettenbuechern-d1782512.html.

Setzkasten mit Lettern aus Metall

und Schreiben sowie die Kenntnisse der lateinischen Sprache waren Fähigkeiten, die meistens nur der männliche Klerus beherrschte, nicht der weltliche Adel und schon gar nicht das sogenannte „gemeine Volk".

Ein weiterer Vorläufer des Buchdrucks war das Einschneiden von Bild und Text in einen Holzblock, mit dem eine Seite auch mehrmals gedruckt werden konnte. Eine Methode, die in China Jahrhunderte vor Gutenberg angewandt wurde. Die Nachteile der Herstellung von Blockbüchern liegen auf der Hand – die Schnitzarbeit war ein zeitraubendes Verfahren und einmal geschnitten, konnte der Text nicht mehr verändert werden.

Gutenbergs Erfindung dagegen lag im Guss einzelner Lettern, die beliebig oft zu Wörtern zusammengesetzt werden konnten, solange man nur genügend solcher Drucktypen hatte. Gutenberg hatte zwei Unterstützer seines Projekts – den ausgebildeten Schreiber Peter Schöffer, der für die Qualität des Schriftbildes sorgte und den Verleger und wesentlichen Geldgeber Johannes Fust. Sie unterstützten auch das bekannteste Projekt Gutenbergs, den Druck der 42-zeiligen Bibel in einer Auflage von geschätzt 180 Exemplaren in den Jahren 1452 bis 1455. Jede Seite dieses Werks hat zwei Spalten mit je 42 Zeilen. Gutenberg druckte den Text, Buchmaler fügten die farbigen Abbildungen hinzu. Heute existieren von dieser Bibel noch 49 Exemplare, teilweise nur einbändig[4] oder als Fragment erhalten. Das Exemplar in der Niedersächsischen Staats- und Universitätsbibliothek Göttingen wurde 2001 von der UNESCO in die Liste des Weltdokumentenerbes „Memory of the World" aufgenommen.

Der Buchdruck mit beweglichen Lettern stand wie viele andere technische Entwicklungen am Übergang vom Mittelalter zur Neuzeit. Die Erfindung war bahnbrechend. Ein Drucksatz konnte in kurzer Zeit zusammengestellt werden, er konnte korrigiert oder vollständig aufgelöst und neu zusammengesetzt werden. Die Lettern waren immer wieder verwendbar. Gedrucktes erreichte durch höhere Auflagen wesentlich mehr Menschen. Wer lesen und schreiben lernte, konnte sich Wissen aneignen. Das Herrschaftswissen Einzelner wurde zum Allgemeinwissen vieler. Dies gab auf lange Sicht jedem Menschen die Möglichkeit, sich zu informieren und zu bilden. Das Druckverfahren nach Gutenberg wurde über 500 Jahre angewandt, bis es vom Offsetdruck[5] und später dem Digitaldruck abgelöst wurde.

Mit der Erfindung Gutenbergs war auch die Grundlage für ein Anwachsen der Bibliotheksbestände gegeben und es entstanden neue Bibliotheken. Bereits hundert Jahre zuvor hatte der Wechsel von Pergament auf Papier stattgefunden, was diese Entwicklung ebenfalls begünstigte.

---

4   Ein vollständiges Exemplar besteht aus zwei Bänden.
5   Ein Flachdruckverfahren, im Gegensatz zum Gutenberg'schen Verfahren mit erhabenen Lettern.

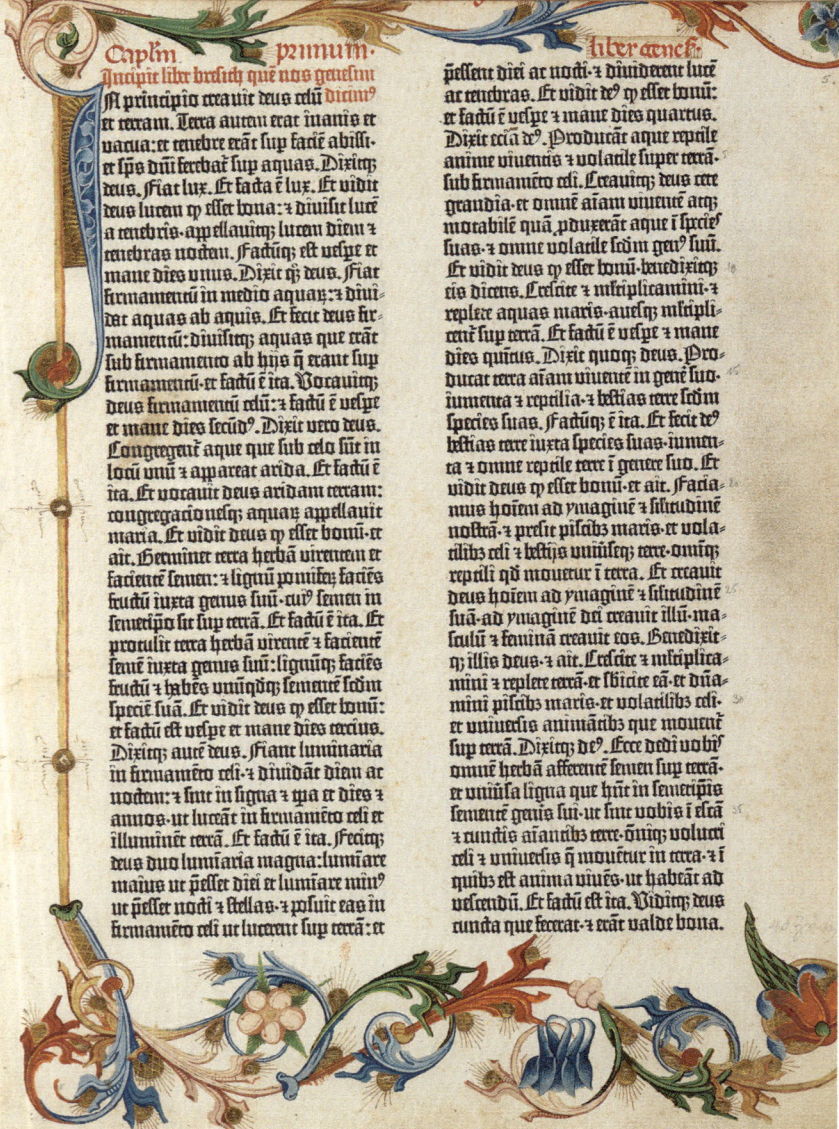

Anfangsseite des Buches Genesis aus der 42-zeiligen Bibel, Druck Johannes Gutenberg, Mainz: 1454, Exemplar aus dem Besitz der Bayerischen Staatsbibliothek, Sign.: 2 Inc.s.a. 197-1

Die Gedanken der Reformation Martin Luthers und die der Gegenreformation der katholischen Kirche sind signifikante Beispiele, die ohne das Gutenberg'sche Druckverfahren nur eine geringe Verbreitung hätten erfahren können.

Eine Bibliothek – was ist das?

Eine einfach erscheinende Frage: Was ist eigentlich eine Bibliothek? Die ersten Bibliotheken gab es bereits in der Antike.[6] Das Wort „Bibliothek" wurde aus dem Altgriechischen übernommen, wo „biblio-thēkē" so viel wie „Buchbehälter" bedeutet.[7] Wir verstehen unter dem Begriff „Bibliothek" sowohl die Bücher- und Mediensammlung als auch das Gebäude, in dem diese Sammlung bewahrt wird. Sie wird aber nicht nur fachgerecht aufbewahrt, sondern muss zum Wiederauffinden auch in Katalogen verzeichnet werden – sowohl mit den formalen bibliografischen Daten jedes Mediums und einer individuellen Standortnummer als auch mit einer sachlichen Erschließung, zum Beispiel durch Schlagwörter.[8]

Zum Charakter einer Bibliothek gehört vor allem auch die planvolle Sammlung, die inhaltsgebunden und/oder zielgruppenorientiert erfolgt. Zwei einfache Beispiele: Eine Sammlung aller Werke von und über William Shakespeare wird inhaltsgebunden nur zum Thema passende Literatur beschaffen. Eine Kinderbibliothek wiederum hat eine klare Orientierung auf ihre Zielgruppe – die Kinder.

Die „klassische" Bibliothek sammelte Bücher, Zeitschriften, Zeitungen und vielleicht noch Landkarten und Pläne – von den Handschriften abgesehen also überwiegend gedruckte Veröffentlichungen. Heute findet man in jeder Bibliothek darüber hinaus selbstverständlich auch elektronische Medien und Ressourcen, die man mit einem etwas holprigen Begriff als „Nicht-Buch-Medien" bezeichnet. Dazu gehören alle audio-visuellen Medien wie Tonträ-

---

6 Eine Epoche im Mittelmeerraum, etwa von 800 v. Chr. bis ca. 600 n. Chr.
7 Langenscheidts Großwörterbuch Altgriechisch Deutsch, Berlin u.a. 1994.
8 Sachbegriffe, geografische Begriffe oder Namen, die den Inhalt des Mediums beschreiben.

ger, Bildmaterial und Filme genauso wie Offline- und Online-Ressourcen. Zu den Ersteren zählen u.a. Lexika, Lernprogramme und Computerspiele, zu den Letzteren Publikationen, die auf einem Server gespeichert werden und dort abrufbar sind. So wird oft wissenschaftliche Fachliteratur angeboten.

Vor allem wissenschaftliche Bibliotheken und hier besonders die Universitäts- und Staatsbibliotheken in Deutschland legen großen Wert darauf, möglichst viele elektronische Dokumente mit „Open Access" anzubieten. Das bedeutet kostenfreier Zugang zu wissenschaftlicher und Fachliteratur im Internet.

Bibliothekstypen

Von wissenschaftlichen zu öffentlichen, von großen zu kleinen, von Universal- über Universitäts- zu Fach- und Spezialbibliotheken, von Stadt- zu Gemeindebibliotheken, von Behörden- zu Firmenbibliotheken, von Klosterbibliotheken zu Bibliotheken der Kirchengemeinden – in Deutschland sind sie flächendeckend alle vertreten. Am unklarsten ist vielleicht der Begriff „Öffentliche Bibliothek". Denn öffentlich zugänglich sind die allermeisten. Für die städtischen und gemeindlichen Einrichtungen hat sich dieser Begriff dennoch eingebürgert und umfasst darüber hinaus Kinder- und Jugendbibliotheken, Schulbibliotheken, Musikbibliotheken, Werksbibliotheken und Einrichtungen der sozialen Bibliotheksarbeit.[9]

Noch ein Wort zum Begriff „Bücherei". Er wird noch beim Typus der „Gemeindebücherei" verwendet, sei es im Sinn einer Kirchengemeinde oder einer politischen Gemeinde.

Die größte „Bücherei" in der Geschichte Deutschlands war sicher die Deutsche Bücherei in Leipzig. Sie wurde am 3. Oktober 1912 durch den Börsenverein der Deutschen Buchhändler zu Leipzig, die Stadt Leipzig und das Königreich Sachsen als Archiv des deutschen Schrifttums und des deutschen Buchhandels gegründet. Nach der Wiedervereinigung wurden ihr Pendant in der BRD, die

---

9   https://saar.infowiss.net/projekte/ident/themen/bibliotheken/oeffentliche/.

Deutsche Bibliothek (Gründung 1946 in Frankfurt am Main), und die Deutsche Bücherei zu einer Institution unter der Benennung „Die Deutsche Bibliothek" zusammengefasst. Seit 2006 führt sie den Namen „Deutsche Nationalbibliothek" (DNB). Standorte sind Frankfurt am Main und Leipzig. Im „Gesetz über die Deutsche Nationalbibliothek"[10] sind deren Aufgaben geregelt. Eine zentrale Aufgabe betrifft das Pflichtexemplarrecht: Alle, die in Deutschland etwas veröffentlichen, müssen zwei Exemplare und von elektronischen Werken eine Datei dieser Publikationen an die Deutsche Nationalbibliothek abliefern, nach Bundesländern getrennt an die Standorte Frankfurt am Main oder Leipzig. Die DNB sorgt dafür, dass diese Medien dauerhaft aufbewahrt, gefunden und genutzt werden können. So entsteht das „Gedächtnis der Nation", an dem beide Einrichtungen teilhaben.[11]

Vom Ausleihamt zum Erlebnisort

Eine viel zitierte Definition der Bibliothek stammt aus dem „Lehrbuch der Bibliotheksverwaltung" von Gisela Ewert und Walther Umstätter: „Die Bibliothek ist eine Einrichtung, die unter archivarischen, ökonomischen und synoptischen Gesichtspunkten publizierte Information für die Benutzer sammelt, ordnet und verfügbar macht."[12] Eine treffende Beschreibung, die mittlerweile aber trocken und unzeitgemäß daherkommt und mit dem Begriff „Benutzer" wenig einladend wirkt. Denn in der Realität haben sich Bibliotheken längst vom „behördlichen Ausleihamt" verabschiedet, bei dem Ausleihberechtigung, Leihfristen, Anzahl der entliehenen Bücher und andere Regeln im Vordergrund standen. Wer heute eine Bibliothek aufsucht, egal welcher Art und Größe, wird in den meisten Fällen einen Ort betreten, an dem man sich wohlfühlen kann, ruhige Arbeitsplätze genau so findet wie einladend

---

10   www.gesetze-im-internet.de/dnbg/index.html.
11   Vgl. auch Bayerische Staatsbibliothek S. 27.
12   Gisela Ewert und Walther Umstätter: Lehrbuch der Bibliotheksverwaltung auf der Grundlage des Werkes von Wilhelm Krabbe und Wilhelm Martin Luther völlig neu bearb., Stuttgart 1997.

Die Plaza in der Bayerischen Staatsbibliothek, ein Bereich zum Lernen und Studieren

möblierte Treffpunkte, nicht zum Konsum gezwungen wird, aber auf Wunsch etwas zum Essen und Trinken findet. Helle, freundlich möblierte Lesesäle, gute technische Ausstattung wie Buchscanner und WLAN sowie großzügige Öffnungszeiten sind vielerorts selbstverständlich geworden. Auch die Verwaltung des eigenen Ausleihkontos und die Vorabsuche und Bestellung der gewünschten Medien online und bequem von zu Hause aus sind Errungenschaften, ohne die man sich das Bibliothekswesen von heute gar nicht mehr vorstellen kann. Wichtige Instrumente dafür sind die elektronischen Kataloge und Katalogverbünde. „Der Bibliotheksverbund Bayern (BVB) ist der regionale Zusammenschluss von über 150 Bibliotheken[13] unterschiedlicher Größenordnung und Fachorientierungen in Bayern.

---

13 www.bib-bvb.de/BibList/b3kat-biblist.html.

Zum Verbund gehören die Bayerische Staatsbibliothek, die Universitäts- und Fachhochschulbibliotheken, die regionalen staatlichen Bibliotheken sowie eine Vielzahl weiterer bedeutender Bibliotheken."[14] Beim Eintrag eines Titels finden sich Hinweise auf besitzende Bibliotheken, oft weitergehende Inhaltsbeschreibungen, Inhaltsverzeichnisse oder sogar Hinweise auf andere Medien zum selben Thema als besonderer Service für Leserinnen und Leser. Im Offline-Verbund startete der BVB im Jahr 1970, im Online-Verbund 1987. Die meisten der in diesem Buch vorgestellten Bibliotheken sind Mitglieder des BVB.

Bibliotheken heute

Bibliotheken sehen sich heute der Herausforderung einer digitalisierten Welt gegenüber. Die 30 Bände starke Brockhaus-Enzyklopädie, die oft nur in Bibliotheken vorhanden war, wird heute dank Wikipedia, Google und Co. in den meisten Fällen überflüssig genauso wie die Fachzeitschrift, deren Aufsätze online gelesen werden können. Viele Publikationen, vor allem auf dem Gebiet der Wissenschaften, erscheinen nur noch elektronisch. Auch wenn das gedruckte Buch trotz allem und erfreulicherweise einen kräftigen Überlebenswillen zeigt, ist es für eine Bibliothek schon lange nicht mehr ausreichend, vorrangig eine „Literaturausgabestelle" zu sein. Es zählen Service, Raum und ein attraktives Veranstaltungsprogramm.

So gibt beispielsweise die Münchner Stadtbibliothek vierteljährlich ein Programmheft heraus, das alle offenen Veranstaltungen enthält, die in den über 20 Bibliotheken stattfinden. Dabei werden Besucherinnen und Besucher zum Mitmachen und Mitdiskutieren eingeladen. Im Programmheft für Februar bis April 2020 gab es beispielsweise Angebote zu „Wissen und Gesellschaft", „Digital", „Literatur", „Kunst", „Theater und Musik", „Kino" und „Kinder".

---

14 www.bib-bvb.de/web/guest/uber-den-bvb.

Auch die Bayerische Staatsbibliothek lädt unter „Veranstaltungen und Ausstellungen" zu einer Reihe von Führungen, Symposien, Fachvorträgen, Tagungen und Workshops ein, die sich mit wissenschaftlichen, aber – und das ist besonders bemerkenswert für eine Universalbibliothek im Rang einer Staatsbibliothek – genauso auch allgemeineren Themen auseinandersetzen.

Eine Bibliothek, die sich einer ganz speziellen Thematik widmet, ist das „Lyrik Kabinett". Autorenlesungen, Vorträge über Lyrikerinnen und Lyriker aus dem In- und Ausland, jährlich etwa 45 Lesungen machen die Sammlung lebendig und bringen sie einem interessierten Hörerkreis näher.

An diesen wenigen Beispielen lässt sich nachvollziehen, was der Leiter der Presse- und Öffentlichkeitsarbeit der Bayerischen Staatsbibliothek, Peter Schnitzlein im Gespräch mit der Autorin im Mai 2019 sagte: „Bibliotheken haben sich seit den 90er Jahren sehr weiterentwickelt, sind Bücherhäuser, Informations-Provider, Veranstaltungshäuser, Lernorte, dienen der Wissenschaft und Forschung, aber auch der Kommunikation, sind serviceorientiert und einer der Orte, an dem sich der Besucher zu Hause fühlen kann." Mit dem Wandel der Bibliotheken hat auch die Emanzipation des einstigen Benutzers zum aktiven Mitwirkenden stattgefunden und der Bibliothek als einer demokratischen Idee Raum gegeben.

Zum Buch

In München gibt es geschätzt 150 Bibliotheken. Diese Zahl schließt alle Behörden- und Firmenbibliotheken mit ein. 76 dieser Bibliotheken werden in diesem Buch porträtiert. Ein wesentliches Auswahlkriterium für die Aufnahme war die Zugänglichkeit der Einrichtungen für die Öffentlichkeit. Ob der Bestand nur vor Ort genutzt werden kann (Präsenzbibliothek) oder für die Ausleihe nach Hause (Ausleihbibliothek) zur Verfügung steht, war dabei nicht von Bedeutung.

Archive und Bibliotheken sind durchaus verwandte Einrichtungen. Sie folgen ähnlichen Ordnungskriterien und auch die begleitenden Veranstaltungsprogramme spiegeln die modernen Ideen

Deutsche Nationalbibliothek, Standort Leipzig

der Öffentlichkeitsarbeit wider. Um aber auch die grundlegenden Unterschiede zwischen Archiv und Bibliothek herauszuarbeiten, wird in diesem Buch den drei großen Archiven in München[15] besondere Aufmerksamkeit geschenkt. Alle drei Einrichtungen verfügen, wie in den Porträts beschrieben, auch über Bibliotheken.

Die Informationen über die einzelnen Einrichtungen stammen von deren Webseiten und in den meisten Fällen auch aus persönlichen Gesprächen mit den Leiterinnen und Leitern der Bibliotheken. Weitere Angaben kommen aus schriftlichen Quellen, die in den Fußnoten zu den einzelnen Artikeln vermerkt sind. Bestandszahlen beziehen sich auf die Jahre 2019/20.

Kultur schafft Identität und Bibliotheken sind stadtprägende Erlebnisräume. Niemand sollte Schwellenangst haben und jede Bibliothek nach Lust und Laune sowie Bedarf besuchen.

---

15 Stadtarchiv München, Staatsarchiv München und Bayerisches Hauptstaatsarchiv.

Friedrich Nicolai, Schriftsteller, Verlagsbuchhändler, Kritiker, Verfasser satirischer Romane und Reisebeschreibungen, Regionalhistoriker und Hauptvertreter der Berliner Aufklärung, prägte folgendes Wort, das bis heute seine Gültigkeit hat: „Meines Erachtens müssen Bibliotheken gebraucht, nicht bloß gesehen werden".[16]

Liebe Leserinnen und Leser: Seien Sie also Gast dieser städtischen und staatlichen Angebote, die kostenfrei oder für eine geringe Jahresgebühr besucht werden können. Nutzen Sie deren Kernangebote, nämlich die Medienvielfalt für Studium, berufliche und private Fortbildung, aber auch zur Unterhaltung und Freizeitgestaltung. Informieren Sie sich auf den Webseiten über die zahlreichen Vorträge, Ausstellungen, Lernangebote und Kurse, die in einer Bibliothek von heute auf dem Programm stehen. Nutzen Sie das kommerzfreie, sichere und freundliche Umfeld für sich und haben Sie Anteil an diesem fundamentalen kulturellen und sozialen Angebot dieser frühesten Medienhäuser der Medienstadt München.

---

16 Friedrich Nicolai: Beschreibung einer Reise durch Deutschland und die Schweiz im Jahre 1781. Band 1, Berlin 1783, S. 87.

**STAATSBIBLIOTHEK
UNIVERSITÄTSBIBLIOTHEKEN
STADTBIBLIOTHEK**

Bayerische Staatsbibliothek

→ Archivbibliothek, zentrale Landesbibliothek Bayerns, europäische Universalbibliothek von Rang mit rund 33 Millionen Medien – die Erfolgsgeschichte der Bayerischen Staatsbibliothek begann im Jahr 1558, als sie durch den Wittelsbacher Herzog Albrecht V. als „Münchner Hofbibliothek" gegründet wurde.

Bedeutende Privatbibliotheken wie die des österreichischen Kanzlers und Orientalisten Johann Albrecht Widmannstetter oder von Johann Jakob Fugger mit der Sammlung des Nürnberger Arztes und Humanisten Hartmann Schedel bildeten ihren wertvollen Grundstock. Schließlich wurde die 100.000 Bände starke Hofbibliothek des pfälzischen Kurfürsten Karl Theodor zu Beginn des 19. Jahrhunderts von Mannheim nach München überführt. Die Säkularisation 1802/03 brachte der Hofbibliothek zudem einen

Vier antike Gelehrte vor dem Eingangsportal

großen Zuwachs an Handschriften und Drucken aus den bayerischen Klöstern.

Aber zunächst zurück ins 17. Jahrhundert, genau gesagt ins Jahr 1663. In Bayern wurde ein Gesetz erlassen, das jeden Verleger und Drucker verpflichtete, eine bestimmte Anzahl jeder Neuerscheinung kostenlos an die Münchner Hofbibliothek abzugeben. Heute nimmt die Bayerische Staatsbibliothek das Recht auf diese Pflichtexemplare als Nachfolgerin der Hofbibliothek wahr und wächst allein dadurch jährlich um mehrere Zehntausend Bände. Die besondere kulturelle Bedeutung liegt aber vorrangig nicht im kostenlosen Bezug der Neuerscheinungen aus Bayern, sondern vor allem in der Archivierung und Dokumentation der gedruckten Produktion bayerischer Verlage seit dreieinhalb Jahrhunderten an einem Ort. Die Pflichtablieferung an den Bund und die Länder ist heute durch weitere Gesetze geregelt.

Um 1820 betrug der Bestand der Münchner Hofbibliothek bereits 500.000 Bände und die bisherigen Räumlichkeiten, hauptsächlich im Alten Hof, der herzoglichen Stadtburg Münchens gelegen, wurden zu eng. König Ludwig I. beauftragte den Architekten Friedrich von Gärtner mit einem Neubau. So entstand der damals größte Blankziegelbau Deutschlands im Rundbogenstil mit einer Länge von 152 Metern. Die Freitreppe zum Haupteingang markieren vier Statuen, die antike Gelehrte darstellen: den Geschichtsschreiber Thukydides, den Dichter Homer, den Philosophen Aristoteles und den Arzt Hippokrates. Ursprünglich von Ludwig von Schwanthaler geschaffen und während des Zweiten Weltkriegs stark beschädigt, sind die Figuren heute Nachschöpfungen verschiedener Künstler. Die Münchner nennen sie scherzhaft die „Vier Heiligen Drei Könige". Im Inneren des Gebäudes empfängt den Besucher ein repräsentatives Treppenhaus, dessen Betreten zur Zeit Ludwigs I. allein dem König vorbehalten war, so die – leider – ungesicherte Überlieferung.

Nach dem Ende der Monarchie in Bayern erhielt die Münchner Hofbibliothek ab 1919 den Namen Bayerische Staatsbibliothek (BSB), kurz „Stabi" genannt.

Den Wert einer Bibliothek bestimmen u.a. zwei Faktoren: Ein systematischer Bestandsaufbau und dessen fachlich fundierte Erschließung in Katalogen – dem einzigen Instrument zum Wiederauffinden der gesammelten Medien.

So entstanden über die Jahrhunderte Sammlungen mit Weltgeltung – beispielsweise Sammlungen für die Altertums- und die Geschichtswissenschaften, die Orient- und Asiensammlung, die Osteuropasammlung, die Bavaricasammlung und die Musiksammlung. Mit ihrer Handschriftensammlung hält die Bayerische Staatsbibliothek einen Platz in der Spitzengruppe der Bibliotheken der Welt. Eine große Kartensammlung, die Zeitungssammlung und das umfangreiche Bildarchiv – seit der Übernahme des analogen Fotoarchivs des Wochenmagazins „Stern" im Jahr 2019 das größte Bildarchiv in öffentlicher Hand in Deutschland – vervollständigen den Bestand.

Die retrospektive Digitalisierung von Bibliotheksbeständen ist eine der vielfältigen Aufgaben des Münchener Digitalisierungs-Zentrums (MDZ), das 1997 als Abteilung der BSB gegründet wurde. Wertvolle Handschriften und Drucke werden dort digitalisiert und langzeitarchiviert und können im Internet eingesehen werden. Die Webseite des Zentrums ist nicht nur für Wissenschaftler spannend. Unter den Rubriken „Digitale Sammlungen" und „Highlights" kann auch der interessierte Laie in einzigartigen Handschriften und Drucken blättern. Neben der reinen Digitalisierung von Bibliotheksgut und dem Aspekt der Langzeitarchivierung sieht die Bayerische Staatsbibliothek ihre Aufgabe auch darin, mit der Entwicklung von Apps oder Tools wie der Bildähnlichkeitssuche, Digitales in die Anwendungsszenarien von heute zu überführen.

Seit 2007 besteht darüber hinaus eine Zusammenarbeit zwischen der BSB und Google. Werke, auf denen keine Urheberrechte mehr liegen, werden durch Google digitalisiert und im Internet auf „Google Books"[1] weltweit kostenlos zur Verfügung gestellt. Bis heu-

---

1 https://books.google.de/.

Das 2007 restaurierte Haupttreppenhaus

te sind es weit über eine Million Titel. Alle Digitalisate werden auch in den Digitalen Sammlungen des MDZ[2] bereitgestellt und archiviert.

Auch ein Blick auf die Webseite der Bayerischen Staatsbibliothek unter „Veranstaltungen und Ausstellungen" lohnt sich. So kann ein Besuch des beeindruckenden Gebäudes vielleicht mit einem Vortrag, einer Ausstellung oder einer touristischen Führung verbunden werden.

---

2 www.digitale-sammlungen.de.

Blick in ein Büchermagazin

Selbstverständlich lässt sich die „Stabi" in allererster Linie als Bibliothek für wissenschaftliche Zwecke, für Forschung, berufliche Arbeit und Fortbildung nutzen. Über 4.000 Besucherinnen und Besucher tun das täglich.

Ludwigstraße 16, 80539 München
Tel. 089 28638-2322 (Auskunft)
www.bsb-muenchen.de

Die Bibliotheken der Ludwig-Maximilians-Universität München

→ Die Bauten des königlichen Architekten Friedrich von Gärtner prägen das Straßenbild der Ludwigstraße, die vom Odeonsplatz zum Siegestor führt und genau einen Kilometer lang ist. Die Vorliebe König Ludwigs I. für Italien spiegelt sich in den dortigen Gebäuden mit den Elementen der italienischen Neurenaissance und Neuromanik wider. So auch in der Hausnummer 27, die u.a. die Zentralbibliothek der Ludwig-Maximilians-Universität München (LMU) beherbergt.

1472 in Ingolstadt gegründet, ab 1800 in Landshut ansässig, hat die Universität seit 1826 ihren Sitz in München. Im Jahr 1840 bezog sie die Gebäude in der Ludwigstraße, die sich zum Geschwister-Scholl-Platz vor dem Haupteingang der LMU und zum gegenüberliegenden Professor-Huber-Platz öffnet. Die Namen erinnern an die Widerstandsgruppe „Weiße Rose", zu deren Mitgliedern Hans und Sophie Scholl sowie Kurt Huber gehörten. Alle drei wurden von den Nationalsozialisten ermordet.

Das Gebäude der Zentralbibliothek an der Ludwigstraße

Der Schweinchenbau an der Leopoldstraße

Viele weitere Fakultäts- und Institutsgebäude kamen über die Jahrzehnte zu den Stammgebäuden hinzu, sodass die Ludwig-Maximilians-Universität, ohne über einen geschlossenen Campus zu verfügen, in der Umgebung der Ludwigstraße und im gesamten Stadtteil Maxvorstadt prägend ist. 2019 erhielt die LMU zum wiederholten Mal den Status einer Exzellenzuniversität zuerkannt.

Die Universitätsbibliothek (UB) wurde 1473, ein Jahr nach der Universität, gegründet. Die Zentralbibliothek ist die wissenschaftliche Allgemeinbibliothek der Universität. Zu ihr gehört aber auch die spezielle Abteilung „Altes Buch" mit Handschriften, Inkunabeln, Drucken aus dem 16. bis 19. Jahrhundert, Autografen, Rara und einer Exlibris-Sammlung.

Wenige Gehminuten vom Hauptgebäude entfernt, befindet sich weiter nördlich in der Leopoldstraße der sogenannte „Schweinchenbau". Seinen Namen erhielt er vom rosa Farbanstrich, der das Gebäude von außen „ziert". Dort ist die Lehrbuchsammlung für Sozialwissenschaften, Jura, Informatik und Humanmedizin untergebracht.

13 Fachbibliotheken an verschiedenen Standorten in der Stadt spiegeln mit ihren Beständen die Vielfalt von Lehre und Forschung an der LMU wider:
- Biologie und Biomedizin
- Chemie und Pharmazie
- Human- und Zahnmedizin in der Medizinischen Lesehalle, einem Gebäude des späten Jugendstils am Beethovenplatz
- Tiermedizin
- Mathematik und Physik
- Geowissenschaften
- Sprach- und Literaturwissenschaften sowie Germanistik und Komparatistik im neu errichteten Philologicum
- Archäologie, Byzantinistik und Geschichte im Historicum
- Kunstwissenschaften
- Psychologie, Pädagogik und Soziologie
- Theologie und Philosophie
- Wirtschaftswissenschaften und Statistik
- die Fachbibliothek Englischer Garten mit ihrem breiten Spektrum von der biomolekularen Optik, Computerlinguistik, Ethnologie, Informatik, Japanologie, Kommunikationswissenschaft, Politikwissenschaft bis zur Volkskunde. Untergebracht ist diese Bibliothek in den ehemaligen Studioräumen von Radio Free Europe. Die Sprecherkabinen sind noch heute im Lesesaal zu sehen.

Außer den Fachbibliotheken gehören zum Bibliothekssystem der Universität noch über 80 kleinere und größere Bibliotheken in Instituten, Kliniken und anderen Einrichtungen. Ein Blick auf die Webseite mit ihrer immensen thematischen Vielfalt ist empfehlenswert.

Die Entwicklung der Universitätsbibliothek zur modernen, serviceorientierten Bibliothek von heute beschreibt ihr Direktor, Dr. Klaus-Rainer Brintzinger, in einem Grußwort an die Besucherinnen und Besucher: „Als zentrale Serviceeinrichtung der LMU

---

[1] www.ub.uni-muenchen.de/bibliotheken/bibs-a-bis-z/index.html.

Der Kuppelsaal der Medizinischen Lesehalle

stellt die Universitätsbibliothek Literatur und wissenschaftliche Informationen zur Verfügung und macht diese optimal nutzbar. Das 21. Jahrhundert ist mit dem größten Medienwandel seit 500 Jahren verbunden. Die UB vollzieht diesen Wandel gemäß den Anforderungen aus Forschung, Lehre und Studium: Wir stellen Ihnen ein hochwertiges Portfolio elektronischer und gedruckter Fachliteratur zur Verfügung, bieten Ihnen sichtbare Plattformen für Ihre elektronischen Publikationen, betreiben und entwickeln an 15 Standorten attraktive Lern- und Arbeitsorte und bewahren und erschließen den einzigartigen Altbestand wertvoller Handschriften und Drucke als kulturelles Erbe der LMU [...]".[2]

Verschiedene digitale Angebote auf der Webseite der UB ergänzen das klassische analoge Buchangebot. Dazu gehören Open Access, Forschungsdatenmanagement, Digitalisierung und 3D-Druck. Mit dem Projekt „Keimelion" bietet die Universitätsbibliothek im Rahmen des „Open Access-Projekts" freien Zugang auf

---

2   www.ub.uni-muenchen.de/ueber-die-ub/index.html.

Der Allgemeine Lesesaal in der Zentralbibliothek

181 Schätze der Abteilung „Altes Buch" im Internet. Kernstück ist jedoch der freie Zugang zu wissenschaftlicher Fachliteratur. Über 57.000 Publikationen, davon rund die Hälfte im Volltext, stehen frei und kostenlos zur Verfügung. Die Bibliothek als Bildungs- und Forschungseinrichtung, als Lern- und Arbeitsort für Studierende, Wissenschaftlerinnen und Wissenschaftler, Angehörige verschiedenster Berufe und Teilnehmerinnen und Teilnehmer am Seniorenstudium ist ein Platz für alle, die forschen und Wissen erwerben wollen.

Geschwister-Scholl-Platz 1, 80539 München
Tel. 089 2180-2427 (Zentralbibliothek)
www.ub.uni-muenchen.de

Staatsbibliothek – Universitätsbibliotheken – Stadtbibliothek

Die Bibliotheken der Technischen Universität München

→ König Ludwig II. von Bayern ist berühmt für seine Schlösser und für seine Verehrung des Komponisten Richard Wagner. Sein Tod im Starnberger See gibt bis heute Rätsel auf. Weniger bekannt ist sein Interesse an der Technik. So gab es in Schloss Neuschwanstein von Beginn an fließendes Wasser, Toilettenspülung, eine Heißluft-Zentralheizung und Speiseaufzüge. Auch Münchens Frischwasserversorgung ließ der König durch den Bau einer Kanalisation verbessern. 1868 gründete Ludwig II. schließlich die „Königlich-Bayerische Polytechnische Schule", aus der die „Technische Hochschule München" und seit 1970 die „Technische Universität München" (TUM) hervorging. Heute ist sie eine der besten Universitäten Europas und wurde auch 2019 wieder in den Kreis der Exzellenzuniversitäten aufgenommen.

Ein Netzwerk bayerischer Standorte umgibt den TUM-Stammsitz rund um die Arcisstraße im Münchner Stadtteil Maxvorstadt. Zum Stammsitz gehören die Fakultäten für Architektur, Bau, Geo-, Umwelt- und Wirtschaftswissenschaften ebenso wie die „TUM School of Education", die „TUM School of Governance" und die „Hochschule für Politik München", deren Trägerschaft die Technische Universität München hat.

Die Fakultät für Sport- und Gesundheitswissenschaften befindet sich teils am Georg-Brauchle-Ring und teils im Olympiapark, wo derzeit ein neuer Sportcampus gebaut wird.[1] Die Fakultät für Medizin ist dem Universitätsklinikum rechts der Isar angeschlossen.

Im Campus Garching im Norden der Stadt sind die Fakultäten für Physik, Chemie, Maschinenwesen, Mathematik und Informatik untergebracht. Die Fakultät für Elektrotechnik und Informationstechnik wird in naher Zukunft vom Stammgelände nach Garching umziehen.

---

1 Geplant ist, die gesamte Fakultät bis 2022 wieder im Olympiapark zu vereinen.

Haupteingang zum Bibliotheksgebäude an der Arcisstraße

Das „Wissenschaftszentrum Weihenstephan für Ernährung, Landnutzung und Umwelt" liegt am Rand der alten Domstadt Freising und ist aus den Agrar- und Brauwissenschaften entstanden. Weihenstephan ist bei der Bevölkerung heute noch ein Synonym für Biergartenbesuche und Biergenuss.

In Straubing sind Biotechnologie und Nachhaltigkeit zu Hause, in Taufkirchen und Ottobrunn entsteht die neue Fakultät für Luftfahrt, Raumfahrt und Geodäsie.

Die Versuchsanstalt Obernach am Walchensee des Lehrstuhls für Wasserbau und Wasserwirtschaft, das Geodätische Observatorium Wettzell im Bayerischen Wald, die Limnologische Station Iffeldorf und das Projekthaus Augsburg der Forschungsstelle für Zahnräder und Getriebebau sind weitere Einrichtungen in Bayern.

Das ehemalige Zisterzienserkloster Raitenhaslach in Burghausen beherbergt heute das „TUM Akademiezentrum".

Ein Teil des Management-Nachwuchses studiert am Campus Heilbronn, dem ersten deutschen Standort der Technischen Universität München außerhalb Bayerns. International ist die TUM in Brüssel, Singapur, Peking, Mumbai, Kairo, São Paulo und San Francisco vertreten.

Im Gründungsjahr der Polytechnischen Schule, 1868, entstand auch die Bibliothek, welche sich zusammen mit der Universität zu einem modernen Bildungs- und Forschungsort entwickelt hat.

Neun Teilbibliotheken an den Standorten München, Garching, Weihenstephan und Straubing bilden heute die Universitätsbibliothek (UB) der Technischen Universität München und bieten, angelehnt an die Fakultäten der Universität, umfangreiche Literaturbestände und Zugang zu Informationen aus den Bereichen Naturwissenschaft und Technik, Architektur, Ingenieurwissenschaften, Bildungsforschung und Unterricht sowie Ernährung, Landnutzung und Umwelt. Als technisch-naturwissenschaftlich ausgerichtete Universitätsbibliothek nimmt sie auch überregionale Aufgaben im Bereich der Literatur- und Informationsversorgung für Forschungseinrichtungen, Firmen und Privatpersonen wahr.

Die Serviceorientierung wird bereits im Grußwort ihres Direktors, Dr. Reiner Kallenborn, deutlich und gibt einen Eindruck von der Fülle der Veröffentlichungen, die jährlich weltweit erscheinen: „[...] Täglich werden weltweit mehr als 11.000 wissenschaftliche Artikel publiziert, das entspricht etwa vier Millionen Veröffentlichungen pro Jahr, die in mehr als 100.000 Fachzeitschriften erscheinen. Jährlich werden zwei Millionen neue Bücher angeboten. Die Informationsflut, der wir gegenüberstehen, ist überwältigend [...]. wir sind in der heutigen Wissensgesellschaft darauf angewiesen, den für unseren Arbeits- und Lebensbereich relevanten Ausschnitt dieser Daten zu kennen, insbesondere diejenigen unter uns, die im Umfeld von Wissenschaft und Lehre an der Bildung neuer Erkenntnisse beteiligt sind.

Lesesaal und Handbibliothek im Gebäude an der Arcisstraße

Selbst eine große Universitätsbibliothek kann nur einen Bruchteil der für Sie relevanten Publikationen direkt vor Ort anbieten. Aber wir können für Sie beschaffen, was Sie benötigen. Die Erschließung vorhandener Informationsquellen ist schon lange selbst eine Wissenschaft für sich und hat einen weltweit agierenden Wirtschaftszweig geschaffen, dessen Dienstleistungen Ihnen durch die Universitätsbibliothek der TUM direkt zur Verfügung stehen. [...]

Die Bibliothek soll für Sie ein Raum der Information, der Kommunikation und des Lernens sein. Dabei können Sie unsere Räumlichkeiten, die Beratungs- und Schulungsangebote unseres Fachpersonals ebenso nutzen wie einen Literaturbestand von zwei Millionen gedruckten und elektronischen Medien, darunter mehr als 160.000 E-Books sowie 2.000 gedruckte und 45.000 elektronische Zeitschriften in den Ingenieur-, Gesellschafts- und Naturwissenschaften [...]".[2]

Neben den Bibliotheksklassikern „Suchen und Finden" sowie „Ausleihen und Bestellen" gehören zum Angebot einer modernen Universitätsbibliothek heute auch die Unterstützung während des

---

2   www.ub.tum.de/grusswort-des-bibliotheksdirektors.

Der Uhrenturm, erbaut von Friedrich von Thiersch, das Wahrzeichen der TUM

Studiums durch geeignete Arbeitsplätze, technische Ausstattung, speziell abgestimmte Literaturempfehlungen und Semesterapparate[3] sowie Publikationsservice und Beratung rund um die Themen Zitieren, Veröffentlichen, Open Access und Bibliometrie[4].

Archive sind den Bibliotheken verwandte Einrichtungen. Deshalb sei hier noch von einer Spezialität der Technischen Universität München berichtet – dem Architekturmuseum, ebenfalls in der Münchner Maxvorstadt angesiedelt, das heute eines der größten

---

3   Auf ein Thema abgestimmte Buchsammlung während eines Semesters.
4   Die quantitative Auswertung wissenschaftlicher Publikationen, z.B. die Anzahl der Publikationen eines Wissenschaftlers oder einer Wissenschaftlerin, oder wie häufig aus deren Werken zitiert wird u.a.m.

Architekturarchive Deutschlands betreut und Ausstellungen kuratiert. Seine Gründung geht ebenfalls auf Ludwig II. und das Jahr 1868 zurück. Der bayerische König schenkte der damaligen Königlich-Bayerischen Polytechnischen Schule ein Konvolut an Plänen, darunter auch Zeichnungen von Gottfried Semper für das geplante, aber nicht realisierte Münchner Richard-Wagner-Festspielhaus.

Der Schwerpunkt der Sammlung liegt auf der Architektur des 19., 20. und 21. Jahrhunderts und enthält circa 600.000 Zeichnungen und Pläne, über 200.000 Originalfotografien sowie zahlreiche Modelle von über tausend Architekten. Eine rechtzeitige Auslagerung bewahrte die Bestände der Architektursammlung im Zweiten Weltkrieg vor der Vernichtung. Die Bestände sind heute in großen Teilen digitalisiert und können über die Datenbank „mediaTUM" recherchiert werden. Architekten, Historiker und Denkmalpfleger nutzen sie für ihre Forschungen.

Im September 2002 erhielt die Sammlung eigene Ausstellungsräume in der nahegelegenen Pinakothek der Moderne in der Barer Straße, die sie für zahlreiche Wechselausstellungen nutzt, die von Publikationen, Führungen, Gesprächsrunden und Vorträgen begleitet werden.

Die Technische Universität München mit ihrem Bibliothekssystem und dem Archiv des Architekturmuseums ist ein gutes Beispiel für das Zusammenwirken von Wissenschaftlern, Lehrenden und Studierenden und den Universitätsbibliotheken und Archiven. Diese verstehen sich heute viel mehr als noch vor ein paar Jahrzehnten als Serviceeinrichtungen und Lernorte und nutzen ihre baulichen und elektronischen Möglichkeiten, um einen Unterstützungsapparat für Forschung und Lehre zu bilden.

Arcisstraße 21, 80333 München
Tel. 089 289659-220
www.ub.tum.de
www.architekturmuseum.de

Universitätsbibliothek der Bundeswehr München

→ Die Universität der Bundeswehr München widmet sich in erster Linie der akademischen Ausbildung des Offiziersnachwuchses. 1972/73 wurden dafür zwei Hochschulen gegründet, eine in Hamburg und eine in Neubiberg bei München. Seit 1985 führen beide den Namen „Universität der Bundeswehr". Zivile Studentinnen und Studenten sind seit 2001 zugelassen, im gleichen Jahr nahmen weibliche Offiziere und Offiziersanwärter ihr Studium auf. Die Historikerin Prof. Dr. Merith Niehuss ist seit 2005 die erste Präsidentin der Universität. Auch die Universitätsbibliothek hat mit Dr. Maria Mann-Kallenborn eine weibliche Direktorin.

Zu den universitären Fakultäten gehören Bauingenieurwesen und Umweltwissenschaften, Elektrotechnik und Informations-

Zentrales Treppenhaus, links der Eingang zur Bibliothek

Leseplätze mit Alpenpanorama

technik, Humanwissenschaften mit Bildungswissenschaft, Psychologie und Sportwissenschaft, Informatik, Luft- und Raumfahrttechnik, Staats- und Sozialwissenschaften, Wirtschafts- und Organisationswissenschaften. Im Hochschulbereich für Angewandte Wissenschaften kann man Betriebswirtschaft, Elektrotechnik und Technische Informatik sowie Maschinenbau studieren.

Der Campus in Neubiberg umfasst 140 Hektar. Die Gemeinde mit rund 14.000 Einwohnern liegt südöstlich von München und grenzt direkt an die Stadt an.

Die Universitätsbibliothek können auch externe Besucherinnen und Besucher nutzen, sie müssen nur die kleine Hürde der vorherigen Anmeldung nehmen. Dann erwartet sie ein Bestand von weit mehr als 1,3 Millionen Büchern, Zeitschriften und elektronischen Medien. Dazu gehören wissenschaftliche Literatur aller Fachgebiete, Lehrbücher, Tageszeitungen und Zeitschriften. Sonderbestände sind zu den Themen Bundeswehr, Sicherheitspolitik, Militär- und Zeitgeschichte vorhanden.

Die Bibliothek weist übrigens speziell darauf hin, dass sie neben wissenschaftlicher Literatur auch Bücher über Bayern, die

Alpen und andere regionale Themen anbietet, alles aus einer Hand und in aller Regel ausleihbar – ein besonderer Service für eine Universitätsbibliothek.

Ein weiterer Vorzug ist das 2017 eröffnete neue Bibliotheksgebäude, das als zentrale Campusbibliothek mit einem umfangreichen Freihandbestand, neuester Technik, Gruppenarbeitsräumen und Leseplätzen in Ruhezonen punktet. Von einigen Arbeitsplätzen sind als besonderes Highlight bei sonnigem Wetter sogar die Alpen zu sehen.

Unter den verschiedenen Serviceleistungen der Universitätsbibliothek fällt besonders ein Angebot auf: „Book a Librarian"[1]. Bis zu einer Stunde kann ein solcher Crashkurs dauern. Wer eine Seminar-, Bachelor- oder Masterarbeit schreiben muss, erhält kostenlos Hinweise, wie man schnellstmöglich an die nötige Fachliteratur kommt, geeignete Fachdatenbanken finden und Literatur am besten verwalten kann.

Ein Ausflug nach Neubiberg könnte sich also lohnen. Die Universitätsbibliothek ist auch mit öffentlichen Verkehrsmitteln gut zu erreichen.

Werner-Heisenberg-Weg 39, 85577 Neubiberg
Gebäude 35/200 und 33/100
Tel. 089 6004-3311
www.unibw.de/ub

---

1   Buche eine/n Bibliothekar/in.

Münchner Stadtbibliothek

→ Hoch oben am „gachen Steig"[1] über der Isar am Eintritt zum Stadtteil Haidhausen steht Münchens Kulturzentrum „Gasteig". Teil davon ist seit 1984 die Zentrale der Münchner Stadtbibliothek. Trägerin ist die Landeshauptstadt München.

Welche Bedeutung die Zentrale und ihre mehr als 20 Stadtteilbibliotheken und Servicedienste für die rund 20.000 Besucherinnen und Besucher täglich haben, konnte man an vielen Pinnwänden in der Zentrale und den verschiedenen Stadtteilbibliotheken ablesen. Auf die Frage „Die Bibliothek ist mein Ort, weil...?" gaben die Münchnerinnen und Münchner die unterschiedlichsten Antworten:

„Die Bibliothek ist mein Ort, weil...?
- mich so viele Bücher und nette Leute inspirieren und beim Lernen motivieren
- die Musikbibliothek mein Lieblingsort ist
- es hier so wunderbar ruhig ist und eine angenehme Arbeitsatmosphäre herrscht
- ich mich hier sicher und aufgehoben fühle
- es ein Ort des Verweilens und der Inspiration ist
- es ein Ort für alle ist
- wir die blöde Seminararbeit schreiben müssen
- sie mich schlauer macht
- ich mich hier nie langweile
- es Comics, einen Stuhl, Sonne und WLAN gibt
- ich hier Raum und Zeit vergesse..."[2]

Die Antworten lassen bereits etwas von der großen Angebotsvielfalt erahren, mit der die Bibliothek bei ihren Besuchern punktet. Wissenschaftliche Bestände findet man dort ebenso wie Ratgeber- und Sachbücher, Belletristik, Unterhaltungsliteratur, Zeitungen, Zeitschriften und Spiele. In der Zentrale und den Stadtteilbiblio-

---

1   Gach = u.a. steil, https://fwb-online.de/lemma/gach.s.4adj#sense4.
2   Antworten, entdeckt 2/2019 im Foyer der Bibliothek am Gasteig.

Besucherstimmen im Eingangsbereich der Münchner Stadtbibliothek am Gasteig

theken lädt ein großer frei zugänglicher Bestand mit Leseplätzen zum Stöbern und Entdecken ein und macht die Bibliotheken zu einem Wohlfühl- und Erlebnisort, aber auch zu einem Ort des Studiums und der Bildung. Fünf Bücherbusse, sieben Krankenhausbibliotheken und das Medienmobil für Menschen mit Handicap ergänzen das Angebot. Am Gasteig lädt eine eigene Bibliothek für Kinder und Jugendliche zum Lesen, Spielen und Surfen ein. Auch Hausaufgaben lassen sich dort erledigen und man sitzt an der Quelle der Informationen, die man für ein Referat oder eine Hausarbeit braucht.

Einige Spezialabteilungen und externe Einrichtungen leuchten wie Edelsteine aus dem vielfältigen Angebot der Münchner Stadtbibliothek heraus. Dazu gehört in der Zentrale am Gasteig die umfangreichste öffentliche Fachbibliothek für Philatelie und Postgeschichte in Europa. Ein internationales Publikum schätzt die in 43 Sprachen angebotene Literatur zum Thema.

Laien und Profis nutzen gleichermaßen gern die Bestände der Musikbibliothek mit ihrer Sammlung von Klavierauszügen, Partituren, Tonträgern und Fachliteratur zu allen Bereichen und

Juristische Bibliothek im Rathaus

Epochen der Musik. Die Stadtbibliothek erfüllt mit dieser Sammlung auch die Aufgabe einer wissenschaftlichen Archivbibliothek. Notenausgaben und Literatur von und über Münchner Komponistinnen und Komponisten, Münchner Musikerinnen und Musiker werden dort archiviert.

Zu den architektonischen wie inhaltlichen Spezialitäten der Münchner Stadtbibliothek zählt die Juristische Bibliothek im Neuen Rathaus am Marienplatz. Der Architekt Georg von Hauberrisser, der für den gesamten Rathausbau verantwortlich war, voll-

Stadtteilbibliothek Hasenbergl

endete 1905 den zweistöckigen Lesesaal mit einer Höhe von fast zehn Metern. Vergoldete, schmiedeeiserne Wendeltreppen und Balustraden führen zu den Emporen. Wie die Einrichtung aus Holz und die Wandleuchter sind sie im floralen Münchner Jugendstil gehalten. Sie bilden damit einen spannenden Kontrast zur Neogotik des Rathausbaus. Im Interesse der Nutzerinnen und Nutzer kann der Saal während der Öffnungszeiten nicht besichtigt werden. Wer keine Rechtsfragen hat, kann aber eine Rathausführung mitmachen oder eine der Veranstaltungen der Bibliothek besuchen und erlebt dabei nicht nur spannende Krimiabende, sondern auch die einzigartige Architektur des Saales. Die „Bibliothek des Stadtrats", wie die Juristische Bibliothek bei ihrer Gründung hieß, war der eigentliche Vorläufer der Münchner Stadtbibliothek.

Zur Münchner Stadtbibliothek gehört auch die Monacensia, das literarische Gedächtnis der Stadt, die im Hildebrandhaus im Münchner Stadtteil Bogenhausen beherbergt ist. Sein Erbauer, der Bildhauer und Kunsttheoretiker Adolf von Hildebrand, lebte dort von 1847 bis 1921. In seiner Villa und dem angeschlossenen Atelier waren Gäste willkommen. Die düstere Geschichte des Hauses und seiner Bewohner in der Zeit des Nationalsozialismus, geprägt von Entrechtung und Verfolgung, wurde im Auftrag der Stadt erforscht

Bibliothek der Münchner Autorinnen und Autoren in der Monacensia

und liegt heute in Buchform als Beitrag zur Erinnerungskultur Münchens vor.

Die Monacensia ist heute ein lebendiger Ort der Forschung und Bildung mit Ausstellungen, Publikationen, Vorträgen und Seminaren. Sie unterhält ein Archiv mit Nachlässen von über 300 Persönlichkeiten, die in enger Verbindung zu München stehen, und verfügt über eine große Sammlung von Büchern über München und Dokumenten, die bis in das 16. Jahrhundert zurückreichen. Ein Sammelschwerpunkt sind Werke von und über Münchner Autorinnen und Autoren. Eine eigene Freihandbibliothek ist dem literarischen Werk Thomas Manns und seiner Familie gewidmet, ergänzt durch zahlreiche Veröffentlichungen über den Schriftsteller und Nobelpreisträger. In der Monacensia kann man Münchner Geschichte erfahren und die ganz spezielle Ausstrahlung einer Künstlervilla der Jahrhundertwende erleben.

Die Stadtbibliothek nimmt ihre Aufgabe, in den einzelnen Stadtvierteln präsent zu sein, besonders ernst. Sie schafft damit Treffpunkte, Orte des Lernens, der Bildung und der Unterhaltung auf dem kurzen Weg. Ob in der Zentrale am Gasteig oder in den Stadtteilbibliotheken – die Münchner Stadtbibliothek ist ein Ort für Menschen jeden Alters, jeder Herkunft, jeder Religion und jeden Interesses. Neben Bildungs- und Lesestoff gibt es ein reiches Veranstaltungsangebot für Kinder und Erwachsene. Zu den Themen „Wissen und Gesellschaft", „Digital", „Literatur", „Kunst", „Theater und Musik", „Kino" und „Kinder" werden jährlich rund 9.000 Veranstaltungen angeboten, ein Großteil davon vor Ort in den Stadtteilen. Das Veranstaltungsprogramm zählt zu den Kernaktivitäten der Bibliothek.

Besucht man die Zentrale am Gasteig oder eine der Bibliotheken in den Stadtvierteln wird eines sehr schnell klar: Hier wird gelebt und umgesetzt, was sich die Münchner Stadtbibliothek u.a. in ihr Leitbild geschrieben hat – Bildung für alle anbieten, interkulturelle Offenheit praktizieren, lebensbegleitendes Lernen ermöglichen, Forum im Stadtteil und ein Treffpunkt und Lernort für Kinder und Jugendliche sein.

Eine große Herausforderung stellen die kommenden Jahre an die Bibliothek, an ihre Angestellten sowie an die Besucherinnen und Besucher: Ab dem Jahr 2021 wird der in die Jahre gekommene Gasteig saniert und umgebaut. Das bedeutet, dass auch die Stadtbibliothek für einige Jahre aus dem angestammten Haus ausziehen muss. Der Bestand der Zentralbibliothek wird ab Ende 2020 als Interimslösung auf mehrere Standorte verteilt werden. Aktuelle Informationen sind auf der Webseite zu finden.

Münchner Stadtbibliothek
Rosenheimer Straße 5, 81667 München
Tel. 089 48098-3313

Juristische Bibliothek
Neues Rathaus, Marienplatz 8, 80331 München
Tel. 089 2339-2709

Monacensia im Hildebrandhaus
Maria-Theresia-Straße 23, 81675 München
Tel. 089 4194-7212

www.muenchner-stadtbibliothek.de

WISSENSCHAFTLICHE BIBLIOTHEKEN – FACH- UND SPEZIALBIBLIOTHEKEN

Bibliothek der Bayerischen Akademie der Wissenschaften

→ 1759 unterzeichnete Kurfürst Maximilian III. Joseph den Stiftungsbrief der Bayerischen Akademie der Wissenschaften (BAdW). Er wurde auf den 28. März, den Geburtstag des Kurfürsten datiert. Damit erhielt die Residenzstadt München erstmals eine vom Landesherrn finanzierte große staatliche Wissenschaftseinrichtung. Die Ludwig-Maximilians-Universität hatte zu der Zeit ihren Sitz noch in Ingolstadt. Die Chronik[1] berichtet, dass die Akademie ihre Mitglieder von Anfang an ohne Ansehen von Religion oder Nationalität wählte. 88 Mitglieder zählte sie im Gründungsjahr, davon waren 19 Protestanten. Zu dieser Zeit konnte in München noch kein Protestant das Bürgerrecht erhalten. Das Einbürgerungsverbot wurde erst 1801 aufgehoben.[2]

Seit 1783 war die Akademie im ehemaligen Kollegiengebäude des Jesuitenordens an der Neuhauser Straße mitten in der Stadt untergebracht. 1944 fiel der Bau den Bomben zum Opfer und es dauerte bis 1959, bis die Bayerische Akademie der Wissenschaften in den Nordostflügel der Münchner Residenz, ihren heutigen Sitz, ziehen konnte.

Die Bayerische Akademie der Wissenschaften beschreibt sich selbst als die „größte, forschungsstärkste und eine der ältesten der acht Landesakademien in Deutschland. Gelehrtengemeinschaft und Forschungseinrichtung".[3] Sie hat es sich zum Ziel gesetzt, innovative Langzeitforschung zu betreiben, Gelehrte untereinander zu vernetzen, den wissenschaftlichen Nachwuchs zu fördern und dem Dialog zwischen Wissenschaft und Öffentlichkeit ein Forum zu bieten.

Die Mitglieder der Gelehrtengemeinschaft gehören vier Sektionen an: I Geistes- und Kulturwissenschaften, II Rechts-, Sozial-

---

1 https://badw.de/fr/geschichte/chronik.html.
2 www.hss.de/download/publications/Leitfaden_Bayerische-Landesgeschichte.pdf.
3 https://badw.de/die-akademie.html.

Eingang zur Akademie im Nordostflügel der Residenz

und Wirtschaftswissenschaften, III Naturwissenschaften, Mathematik und Technikwissenschaften und IV Naturwissenschaften, Lebenswissenschaften und Medizin.

Eines der bekanntesten Forschungsvorhaben, zumindest in Bayern, ist das „Bayerische Wörterbuch", dessen Vorsitzender Prof. Dr. Anthony Rowley ist, der aus einer Kleinstadt in der englischen Grafschaft North Yorkshire stammt und in der regelmäßigen Nachmittagssendung des Bayerischen Fernsehens „Wir in Bayern" bayerische Dialektwörter erklärt und so ausspricht, als ob sie seiner Muttersprache entstammen würden. Begründer dieses Wörterbuchs war Johann Andreas Schmeller. Auf Befehl des Kronprinzen und späteren Königs Ludwig I. und im Auftrag der Bayerischen Akademie der Wissenschaften begann er 1816 mit dem Projekt eines Wörterbuchs der Dialekte des Königreichs Bayern und war so der erste bezahlte Projektnehmer der Akademie. Bei aller streng wissenschaftlichen Herangehensweise an das philologische Werk war Schmeller ein Stil zu eigen, der auch heute noch zum Schmökern einlädt und interessante Einsichten nicht nur zu Wörtern,

Büste von Johann Andreas Schmeller

sondern auch zum Volksleben seiner Zeit gibt.[4] 1829 wurde Schmeller zum Kustos der Königlichen Hof- und Staatsbibliothek ernannt, wo er die Betreuung der Handschriftenabteilung übernahm.

Die Forschungsvorhaben der Akademie sind vielfältig und werden oft im internationalen Verbund realisiert. Sie reichen von Archäologie bis Musikwissenschaft, von Philologie bis Physik. Schwerpunkte liegen in den Geisteswissenschaften, den Geowissenschaften, der Tieftemperaturphysik und der Informationstechnologie. Forschungsthemen sind beispielsweise das erste vollständige wissenschaftliche Wörterbuch des antiken Lateins, der „Thesaurus Linguae Latinae", eine „Kritische Ausgabe der Werke des Komponisten Richard Strauss", die „vergleichende Archäologie der

---

4 https://schmeller.badw.de/das-projekt.html.

römischen Alpen- und Donauländer", "Erdmessung und Glaziologie" oder die "Foren Ökologie und Technologie", um nur einige wenige der rund 120 Projekte zu nennen. Ein Blick auf die Aufzählung der Forschungsvorhaben auf der Webseite der Akademie zeigt eindrucksvoll die Fülle und Verschiedenheit der Thematiken.[5]

Zur Akademie gehören darüber hinaus folgende Forschungsinstitute:
- das Walther-Meißner-Institut für Tieftemperaturforschung,
- das Bayerische Forschungsinstitut für Digitale Transformation (die jüngste Forschungseinrichtung der Akademie),
- die Kommission für Bayerische Landesgeschichte,
- das Leibniz-Rechenzentrum mit den Schwerpunkten praktische und technische Informatik und angewandte Informatik.
- Ad-hoc-Arbeitsgruppen und zahlreiche Kooperationen mit wissenschaftlichen Einrichtungen im In- und Ausland ergänzen das Profil.

Die nur einen knappen Kilometer entfernte Bayerische Staatsbibliothek ist seit Gründung der Akademie auch deren eigentliche Bibliothek. Heute greifen neben den Akademiemitgliedern vor allem die zahlreichen wissenschaftlichen Mitarbeiterinnen und Mitarbeiter der Bayerischen Akademie der Wissenschaften auf die reichen gedruckten und digitalen Bestände sowie die Dienste der Bayerischen Staatsbibliothek zurück.

Die vor Ort befindliche Bibliothek der Akademie hat vor diesem Hintergrund den Charakter einer Hand- und Forschungsbibliothek. Sie sammelt gedruckte und digitale Veröffentlichungen der Akademie, ihrer Forschungseinrichtungen und -projekte. Dazu kommen Schriften anderer Akademien des deutschen Sprachraums, Nachschlagewerke und Spezialbestände der einzelnen Forschungsvorhaben.

Auf einem eigenen Publikationsserver werden die Veröffentlichungen der Akademie und ihrer Forschungsvorhaben als "Open

---

5 https://badw.de/forschungseinrichtung/forschungsvorhaben.html.

Der Begriff „Plette" im Bayerischen Wörterbuch

Source" digital zur Verfügung gestellt. Kernstück bilden die Sitzungsberichte und die Abhandlungen der Gelehrtengesellschaft. Dabei handelt es sich um wissenschaftliche Ausarbeitungen, die in der Regel von Mitgliedern der Akademie verfasst wurden. Sitzungsberichte und Abhandlungen bilden zugleich eine einzigartige Dokumentation des Wirkens der Akademie in ihrer 250-jährigen Geschichte.[6] Selbstverständlich sind die Medien der Akademiebibliothek im Katalog des Bibliotheksverbunds Bayern[7] verzeichnet.

Die Bibliothek ist Mitgliedern der Akademie vorbehalten, kann aber bei begründetem Interesse nach vorheriger Anmeldung auch von externen Besucherinnen und Besuchern genutzt werden.

Alfons-Goppel-Straße 11 (Residenz), 80539 München
Tel. 089 23031-0
https://badw.de/die-akademie.html

---

6   Vgl. https://badw.de/badw-digital/publikationsserver.html.
7   Zum Bibliotheksverbund Bayern vgl. Einführung in diesem Band.

Bibliothek des Deutschen Museums

→ Die größte Museumsbibliothek Deutschlands befindet sich auf einer Insel zwischen der Kleinen und der Großen Isar mitten in der Stadt. Jeder Münchner kennt die Trambahn-Haltestelle Ludwigsbrücke – Deutsches Museum. Im Innenhof des wohl größten Technikmuseums der Welt, des Deutschen Museums von Meisterwerken der Naturwissenschaft und Technik, liegt der Eingang zur Bibliothek. Diese Verbindung von Museum und Bibliothek im Sinn eines „Studienzentrums der Technik" war 1903 die Intention seines Gründers Oskar von Miller.[1] 1925 bezog die stetig wachsende Sammlung einen Neubau auf der Museumsinsel, die Bibliothek erhielt 1932 ihr eigenes Gebäude. So waren die beiden Einrichtungen endlich nicht nur thematisch, sondern auch örtlich miteinander verbunden. Bis zu diesem Zeitpunkt war die Bibliothek in der nahegelegenen Schwere-Reiter-Kaserne untergebracht gewesen, auf deren Gelände sich heute das Deutsche Patent- und Markenamt befindet.

Der Bibliotheksneubau spornte auch die Mitglieder eines ausschließlich weiblichen Mäzenatenkreises, der „Frauenspende für die Bibliothek des Deutschen Museums" an, die den Erwerb von rund 2.000 Bänden ermöglichten. Dieser besondere Ausdruck weiblichen Engagements in einer männerbetonten Disziplin verdient eine eigene Erwähnung, auch wenn die Anzahl der erworbenen Bücher mit 2.000 Bänden im Vergleich zum Gesamtbestand der Bibliothek klein erscheint. Dem Gremium unter dem Vorsitz der Sozialarbeiterin Lotte Willich gehörten Ehefrauen und Angehörige von Industriellen und Wissenschaftlern an. Zu den Mitgliedern zählten u.a. Martha Diesel und Elisabeth von Linde, aber auch die Schriftstellerin Ricarda Huch und die Frauenrechtlerin Gertrud Bäumer. Sie sahen es als ihre Aufgabe an, internationale, von Frauen verfasste Literatur zu Naturwissenschaften und Tech-

---

1   1855–1934, Bauingenieur, Elektrotechniker, Wasserkraftpionier und Museumsgründer.

nik, aber auch zu Philosophie und Volkswirtschaft für die Museumsbibliothek zu sammeln und Erfinderinnen aufzuspüren. Eine erstaunliche Initiative, die jedoch nicht zur Ideologie der Nationalsozialisten passte und nach dem Krieg nicht wieder aufgenommen wurde.

Heute zählt der Bestand der Bibliothek des Deutschen Museums rund eine Million Bände und 3.000 laufende Zeitschriften und Zeitungen, hauptsächlich zu den Schwerpunktthemen Naturwissenschafts- und Technikgeschichte mit einem umfangreichen Fundus an älterer Quellenliteratur, darunter auch zahlreiche Werke aus der Frühen Neuzeit.

Frontispiz des „Theatrum orbis terrarum" von Abraham Ortelius, Antwerpen 1571 aus dem Besitz der Bibliothek des Deutschen Museums München

Kataloge und Handbibliothek

Wie es das Ziel Oskar von Millers war, ist heute auch das breite Publikum willkommen, das sich für die aktuellen Entwicklungen in Naturwissenschaft und Technik oder für deren Geschichte interessiert. So leistet die Bibliothek ihren Beitrag zum Bildungsauftrag des Deutschen Museums.

Ein großes Projekt moderner Bibliotheksentwicklung ist die Digitalisierung des historischen Bestands. In Zusammenarbeit mit Google wird seit 2017 daran gearbeitet. Inzwischen wurden schon über 50.000 urheberrechtsfreie Werke digitalisiert. Von außen betrachtet könnte diese Maßnahme vor allem einen konservatorischen Nutzen haben, tatsächlich wird aber so die Voraussetzung für eine Vernetzung von Objekten, gedruckten Quellen und Archivalien aus den Beständen des Deutschen Museums geschaffen. Eine Aufgabe, der sich heute viele wissenschaftliche Bibliotheken stellen.

Die Museumsbibliothek als Serviceeinrichtung – diesem Anspruch werden auch die komfortablen Öffnungszeiten nicht nur werktags, sondern auch an Samstagen und Sonntagen gerecht.

Museumsinsel 1, 80538 München
Tel. 089 2179-224
www.deutsches-museum.de/bibliothek

Bibliothek der Hochschule für angewandte Wissenschaften München

→ An drei verschiedenen Campus-Standorten in München befinden sich die Fakultäten einer der mit über 18.000 Studierenden größten Hochschulen für angewandte Wissenschaften in Deutschland.

Unter „angewandter Wissenschaft versteht man Disziplinen und Teildisziplinen, die neben ihrer Grundlagenforschung einen bedeutenden Schwerpunkt im Praxisbezug haben".[1] Praxisbezug und die exakte Ausrichtung auf die konkreten beruflichen Anforderungen sind also Kennzeichen dieses Hochschultyps. 17 staatliche und acht nicht staatliche Hochschulen für angewandte Wissenschaften gibt es in Bayern.[2] Es werden Bachelor- und Masterstudiengänge angeboten, ein Promotionsrecht besitzt die Hochschule jedoch nicht. Über die „kooperative Promotion" ist jedoch die Dissertation an einer Universität möglich.

In der Maxvorstadt liegt der Campus Lothstraße, der größte der Hochschule München mit neun Fakultäten. Dort sind die technischen Fächer, Informatik und Mathematik, die angewandten Naturwissenschaften und die Mechatronik, das Wirtschaftsingenieurwesen, Design, Tourismus, das Studium Generale und die interdisziplinären Studien zu Hause. In der Karlstraße befindet sich der Campus für Architektur, Bauingenieurwesen und Geoinformation. Am Stadtpark in Pasing haben Betriebswirtschaft und angewandte Sozialwissenschaften ihren Sitz.

Die Zentralbibliothek der Hochschule befindet sich in der Lothstraße, Teilbibliotheken gibt es in der Karlstraße und in Pasing. Helle freundliche Räume mit viel Tageslicht zeichnen alle drei Bibliotheken aus. Die Sammlungen orientieren sich inhaltlich am jeweiligen Fächerangebot des Standorts. Insgesamt zählt der Bestand über 305.000 Printmedien und 512 laufende Print-

---

1 https://de.wikipedia.org/wiki/Angewandte_Wissenschaft.
2 www.stmwk.bayern.de/studenten/hochschulen/hochschulen-fuer-angewandte-wissenschaften.html.

Besucherarbeitsplätze und Freihandbibliothek

Zeitschriftentitel. Dazu werden für Hochschulangehörige noch rund 140.000 E-Books und 65.000 E-Journals angeboten. Die Printmedien sind zu über 95 Prozent in der bequemen Freihandaufstellung zugänglich.

Für Studierende, Lehrpersonal und Gäste gibt es eine Reihe von Serviceangeboten wie Bibliotheksführungen, Informationsveranstaltungen zum wissenschaftlichen Arbeiten, zur Literaturverwaltung und Textgestaltung und über die Möglichkeit, auf dem Publikationsserver der Hochschule online zu publizieren.

Außer den Studierenden und dem Lehrpersonal können auch Gastleserinnen und Gastleser die Bibliotheken benutzen.

Lothstraße 13 d, 80335 München
Tel. 089 1265-1209

Karlstraße 6, 80333 München
Tel. 089 1265-2675

Am Stadtpark 20, 81243 München
Tel. 089 1265-2361

www.bib.hm.edu/index.de.html

Die Bibliotheken der Max-Planck-Institute

Als sich der Abiturient Max Planck 1874 nach den Möglichkeiten eines Physikstudiums erkundigte, erklärte ihm der Münchner Physikprofessor Philipp von Jolly, dass „in dieser Wissenschaft schon fast alles erforscht sei, und es gelte, nur noch einige unbedeutende Lücken zu schließen".[1] Viele Physiker waren damals der gleichen Meinung. Max Planck widerlegte diese Theorie gründlich. 1919 erhielt der Begründer der Quantenphysik den Nobelpreis und neben zahlreichen anderen Auszeichnungen 1925 den Bayerischen Maximiliansorden für Wissenschaft und Kunst.

Max Planck ist Namensgeber von derzeit 86 außeruniversitären Instituten und Forschungseinrichtungen[2] verschiedener Wissenschaftsbereiche, die sich überwiegend in Deutschland, einige aber auch im europäischen und außereuropäischen Ausland befinden. Trägerin ist die Max-Planck-Gesellschaft. Einige Institute

Türschild am Eingang Amalienstraße 33

haben ihren Sitz in München, weitere verteilen sich in Bayern auf die Orte Garching, Martinsried, Seewiesen und Erlangen.

---

1 https://de.wikipedia.org/wiki/Max_Planck.
2 Stichtag: 1. Januar 2019, www.mpg.de/zahlen_fakten.

Jedem der Institute ist eine Bibliothek angeschlossen. Diese sammeln sowohl Printmedien als auch elektronische Ressourcen, einige belegen in der Bibliothekenlandschaft Europas und der Welt mit ihren vollständigen Sammlungen Spitzenplätze. Die Bibliotheken dienen vorrangig der Literaturversorgung der wissenschaftlichen Mitarbeiterinnen und Mitarbeiter. Stipendiatinnen und Stipendiaten sowie Gäste der Institute, sofern sie wissenschaftlich in den Forschungsgebieten arbeiten, sind ebenfalls willkommen. Für externe Besucherinnen und Besucher empfiehlt sich in jedem Fall eine vorherige Kontaktaufnahme per Telefon oder Mail.

Max-Planck-Institut für Innovation und Wettbewerb/ Max-Planck-Institut für Steuerrecht und öffentliche Finanzen

→ Zwischen der ehemaligen königlichen Hofreitschule, auch Marstall genannt, und dem Hofgarten haben zwei Max-Planck-Institute (MPI) ihren Sitz. 1966 gegründet, wurden aus den Bereichen „Innovation und Wettbewerb" sowie „Steuerrecht und öffentliche Finanzen" im Jahr 2011 zwei selbstständige Institute.

Das „MPI für Innovation und Wettbewerb erforscht Innovations- und Wettbewerbsprozesse und erarbeitet Vorschläge für die Gestaltung der Rahmenbedingungen für diese Prozesse. Die Forschungsfragen werden in einer rechtswissenschaftlichen und einer wirtschaftswissenschaftlichen Abteilung untersucht."[3] Das „MPI für Steuerrecht und öffentliche Finanzen" nennt „als zentralen Forschungsschwerpunkt Themen nationaler und internationaler Besteuerung aus juristischer und ökonomischer Perspektive."

Die dazugehörigen Bibliotheken stehen unter einer gemeinsamen Leitung und bilden die zentrale Serviceeinrichtung für beide Institute. Sammelgebiete sind nationales, ausländisches und internationales Immaterialgüter- und Wettbewerbsrecht, Unternehmens- und Steuerrecht sowie Literatur für den Bereich der Finanzwissenschaft.

---

3   Alle Zitate entstammen den Webseiten der beschriebenen Max-Planck-Institute.

Bibliothek Innovation und Wettbewerb
Marstallplatz 1, 80539 München
Tel. 089 24246-221
www.ip.mpg.de/de/bibliothek.html

Bibliothek Steuerrecht und Öffentliche Finanzen
Marstallstraße 8, 80539 München
Tel. 089 24246-5402
www.tax.mpg.de/de/bibliothek_tax.html

Max-Planck-Institut für Sozialrecht und Sozialpolitik
→ In der Münchner Maxvorstadt befindet sich das Max-Planck-Institut für Sozialrecht und Sozialpolitik. Dort werden „grundsätzliche wie aktuelle Fragestellungen des Sozialen in einem internationalen Kontext aus juristischer, politischer und ökonomischer Perspektive" erforscht.

Zum Institut gehört die weltweit größte Sozialrechtsbibliothek. Der Schwerpunkt der Sammlung liegt auf dem Gebiet des ausländischen und internationalen Sozialrechts. Darüber hinaus bietet die Bibliothek eine breite Auswahl sozialpolitischer, sozialrechtlicher, soziologischer, statistischer, politikwissenschaftlicher und sonstiger gesellschaftswissenschaftlicher Literatur zu europäischen und außereuropäischen Staaten und zu sozialrechtlich und sozialpolitisch relevanten Organisationen und Institutionen.

Amalienstraße 33, 80799 München
Tel. 089 38602-462
www.mpisoc.mpg.de/bibliothek/

Max-Planck-Institut für Physik
→ Seit über hundert Jahren besteht das heutige Max-Planck-Institut für Physik. Es hatte ursprünglich seinen Sitz in Berlin, siedelte 1946 unter seinem Direktor Werner Heisenberg[4] nach Göt-

---

4   1901–1976, einer der bedeutendsten Physiker des 20. Jahrhunderts, Nobelpreisträger.

tingen über und bezog 1958 einen Neubau in Freimann am nördlichen Stadtrand Münchens. Astroteilchenphysik, Aufbau der Materie und neue Technologien sind umfangreiche wissenschaftliche Forschungsfelder des Instituts. Die Initiative „Physik für alle" wendet sich dagegen an Laien und will das Interesse für die Teilchenphysik wecken. Die Veranstaltungsreihe „Café und Kosmos" bietet dazu monatliche Diskussionsrunden, im Programm sind allgemeinverständliche Vorträge über aktuelle Forschungsvorhaben, Schulprogramme wenden sich an Jugendliche und an das Lehrpersonal und eine Dauerausstellung im Deutschen Museum unter dem Titel „Entwicklung des Universums" führt Besucherinnen und Besucher auf eine Zeitreise durch den Kosmos.[5]

Teilchenphysik, Kosmologie, Feld- und Stringtheorie, mathematische Physik, reine und angewandte Mathematik sind die Sammelgebiete der Bibliothek, die für Institutsangehörige und wissenschaftliche Gäste des Instituts durchgehend geöffnet ist. Für die übrigen Besucherinnen und Besucher gibt es eigene Öffnungszeiten.

Föhringer Ring 6, 80805 München
Tel. 089 32354-278
www.mpp.mpg.de/ueber-uns/services/bibliothek

Max Planck Digital Library (MPDL)
→ „Ob in der Bildungsforschung oder der Astrophysik, ob in der Kohlenforschung oder der chemischen Ökologie – digitale Information ist aus dem Forschungsalltag nicht mehr wegzudenken. Jede Sekunde ein Artikel-Download, alle 10 Minuten eine neue ausgehende Publikation [...]. Alle 18 Monate verdoppeln sich die digitalen Möglichkeiten der Menschheit und damit auch der Wissenschaft." Dies schreibt der Leiter der MPDL, Dr. Frank Sander, in seinem Einführungstext auf der Webseite der Digital Library.

Seit 2007 ist die Max Planck Digital Library in der Aufbereitung und Bereitstellung von Forschungsdaten und Forschungser-

---

5 http://www.universe-cluster.de/astronomiejahr2009/.

gebnissen aus den 80 Max-Planck-Instituten aktiv. Sie arbeitet seit vielen Jahren mit eigenen sowie kommerziellen Datensammlungen, entwickelt dabei Infrastrukturen für das Informationsmanagement und Fachanwendungen für Forschungsdaten. Sie führt regelmäßig Datenströme aus über hundert verschiedenen Quellen zusammen und wertet laufend Nutzungsstatistiken und ständig wachsende, komplex strukturierte Datenpools der Größenordnung 10^{11} und mehr Einträge aus. Gemeinsam mit den Institutsbibliotheken bildet die Max Planck Digital Library das Bibliothekswesen der Max-Planck-Gesellschaft.[6]

Amalienstraße 33, 80799 München
Tel. 089 909311-214
www.mpdl.mpg.de/kontakt.html

---

6   Die Potenz 10^{11} entspricht 100 Milliarden; Informationen aus: www.mpdl.mpg.de/ueber-uns/mission.html.

Die Bibliotheken der Botanik und Mykologie

→   Der Botanische Garten mit rund 19.600 Pflanzenarten und Unterarten aus der ganzen Welt und 22 Hektar Fläche, die Botanische Staatssammlung München, die Abteilung Systematische Botanik und Mykologie[1] der Fakultät für Biologie an der Ludwig-Maximilians-Universität und die Bayerische Botanische Gesellschaft prägen den Stadtteil Nymphenburg. In unmittelbarer Nähe befindet sich auch das Schloss Nymphenburg, vom Botanischen Garten führt ein direkter Durchgang zum Schlosspark.

König Maximilian I. Joseph von Bayern gründete 1813 die Botanische Staatssammlung als „Herbarium Regium Monacense".[2] Rund 3,2 Millionen Belege getrockneter Pflanzen und Pilze,

---

1   Die Wissenschaft von den Pilzen.
2   Königliches Münchner Herbar.

Die Bibliotheken der Botanik und Mykologie

Aus der Bibliothek der Botanischen Staatssammlung:
Franz von Paula Schrank: Flora Monacensis, Vol. I-IV, München 1811 – 1818

systematisch geordnet, bewahrt die Botanische Staatssammlung zu Forschungszwecken auf. Jedes Jahr kommen geschätzt 16.000 Exemplare dazu. Ein besonderes Augenmerk wird auf die Flora Bayerns und der Alpen gelegt, aber auch Brasilien, mittleres Asien, der Himalaya und Teile Afrikas sind bedeutende Schwerpunkte der Sammlung Ergänzend steht eine umfangreiche Datenbank online zur Verfügung. Die Botanische Staatssammlung ist eine international vernetzte Forschungseinrichtung der Staatlichen Naturwissenschaftlichen Sammlungen Bayerns für die Erforschung der Biodiversität[3] im Bereich der Pflanzen und Pilze.

Das Forschungsgebiet der Abteilung Systematische Botanik und Mykologie der Fakultät für Biologie an der Ludwig-Maximilians-Universität ist die Systematik, Phylogenetik[4] und Evolution von Pflanzen und Pilzen. Dabei spielt die Entstehung von Umwelt-Anpassungen eine besondere Rolle.

---

3   Biologische Vielfalt.
4   Erforschung von Abstammungen.

Die Bayerische Botanische Gesellschaft e.V. wurde 1890 gegründet. Die „planmäßige, wissenschaftliche Erforschung der gesamten Pflanzenwelt Bayerns unter Berücksichtigung der Pflanzenwelt der Nachbarländer, insbesondere die Pflege der Floristik, Systematik, Pflanzengeographie, der Florengeschichte und des Naturschutzes"[5] ist ihr Ziel. Einer der Arbeitsschwerpunkte der Gesellschaft sind Pflege und Erhaltung von vier Schutzgebieten in Bayern mit einer Gesamtfläche von knapp 28 Hektar.

Die Botanische Staatssammlung und die Abteilung Systematische Botanik und Mykologie der Ludwig-Maximilians-Universität haben ihre Bestände zu einer gemeinsamen Bibliothek zusammengeführt, in die als Dauerleihgabe auch die Bibliothek der Bayerischen Botanischen Gesellschaft integriert ist. Rund 40.000 Medien, 500 laufende Zeitschriften eingeschlossen, stehen Forscherinnen und Forschern, Studierenden, aber auch der übrigen Öffentlichkeit zur Verfügung.

Menzinger Straße 67, 80638 München
Tel. 089 17861-255 oder -235
www.botanischestaatssammlung.de

---

5 https://www.bbgev.de/.

Bibliotheken der Zoologischen Staatssammlung München, der Münchner Entomologischen Gesellschaft e.V. und der Ornithologischen Gesellschaft in Bayern e.V.

→ Villen und Einfamilienhäuser mit Gärten prägen den Münchner Stadtteil Obermenzing. Auf den ersten Blick ein ungewöhnlicher Ort für die Errichtung eines Forschungsinstituts mit einer der weltweit größten naturkundlichen Sammlungen an zoologischen Objekten. Ein weitläufiger, in die Höhe gebauter Institutskomplex mit großen Magazinflächen hätte optisch kaum in die

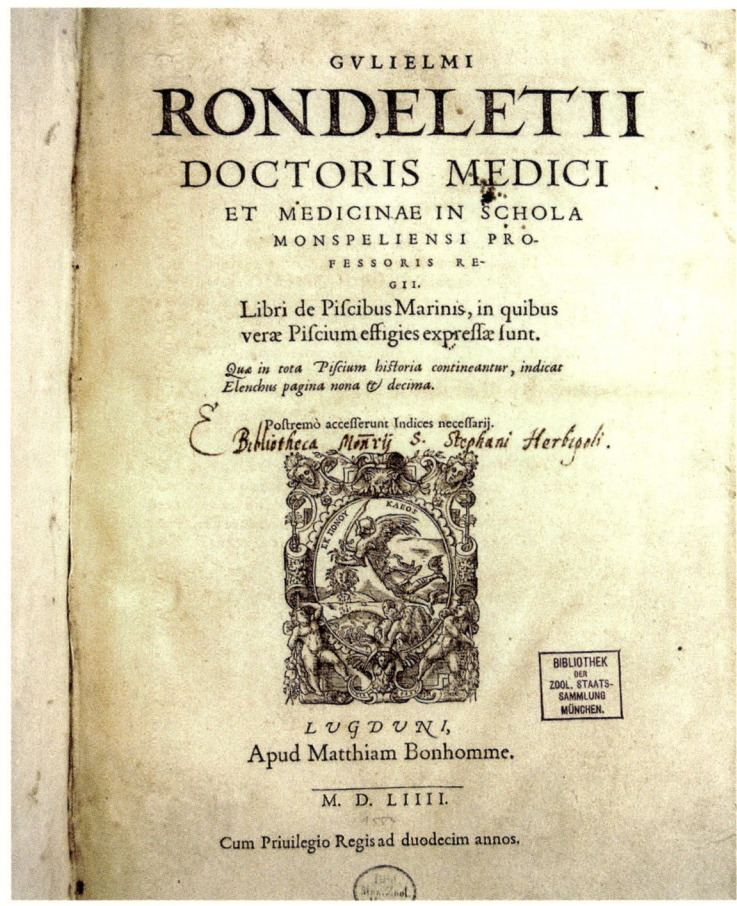

Guillaume Rondelet: Libri de Piscibus Marinis ... [Bücher über die Meeresfische]

Umgebung zwischen Verdistraße und Münchhausenstraße gepasst. Stattdessen wurde in die Tiefe gebaut. Die Magazine sind von einer begrünten Erdaufschüttung bedeckt und die Arbeitsräume liegen am Rand von zwei lichtdurchfluteten runden Höfen, die in das Gelände eingelassen wurden.[1]

---

1 Vgl.: www.zsm.mwn.de/docs_zsm/htdocs/dip/ZSM_Obermenzinger_ Bilder.pdf.

Die Ursprünge der Zoologischen Staatssammlung liegen in einem 1759 gegründeten Kurfürstlichen Naturalienkabinett. Seither gehören Sammlung, Konservierung und Bewahrung zoologischer Objekte zu den Aufgaben der Einrichtung. Rund 22 Millionen Objekte befinden sich mittlerweile, bestens geschützt, in den unterirdischen Magazinen und bilden die Grundlage für die Erforschung der globalen Biodiversität, von Umweltveränderungen und Evolutionsprozessen. Allein die Schmetterlingssammlung umfasst rund zehn Millionen Objekte und ist damit die größte der Welt. Die Zoologische Staatssammlung München gehört zu den Staatlichen Naturwissenschaftlichen Sammlungen Bayerns (SNSB).[2]

Ein zentraler Schwerpunkt der ZSM stellt die umfangreiche Fachbibliothek zur Zoologie dar. Wertvolle, seltene Werke aus dem 16. Jahrhundert gehören ebenso zum Bestand wie die aktuellen Neuerscheinungen. In der ersten Hälfte des 20. Jahrhunderts kamen die Buch- und Zeitschriftenbestände der Münchner Entomologischen Gesellschaft e.V. (MEG) und der Ornithologischen Gesellschaft in Bayern e.V. (OG Bayern) dazu. Seither befindet sich die wissenschaftliche Fachliteratur zur Insektenkunde und zur Vogelkunde in den Räumen der Zoologischen Staatssammlung. Die Bestände der drei Bibliotheken sind getrennt voneinander aufgestellt, werden aber zentral verwaltet.

Alle drei Bibliotheken zählen zusammen über 291.000 Medien, darunter befinden sich 138.815 Bücher und Zeitschriftenbände. Die Bibliothek führt die stattliche Zahl von 3.947 Zeitschriften, wovon 1.223 laufend gesammelt werden. Dazu kommen 143.000 Sonderdrucke. Mit Institutionen aus 72 Ländern besteht ein Schriftentausch. Die Bestände können sowohl von der Mitarbeiterschaft als auch von externen Besucherinnen und Besuchern genutzt werden.

Münchhausenstraße 21, 81247 München
Tel. 089 8107-163
www.zsm.mwn.de/einrichtungen/bibliothek/

---

[2] www.snsb.de/index.php/de/.

ADAC Bibliothek und Sammlungen

→ Zwei Zacken des sternförmigen Neubaus der ADAC-Zentrale in Sendling, eröffnet 2012, umfangen in weitem Bogen eine Villa, die 1910 als Kontorhaus im sogenannten „Heimatstil" erbaut wurde und unter Denkmalschutz steht. Heute beherbergt das Haus Seminarräume, Ausstellungsfläche, Archiv und Bibliothek des Allgemeinen Deutschen Automobil Clubs e.V. (ADAC).

Dem Ingenieur, Journalisten und Historiker auf dem Gebiet der Automobilgeschichte, Hans Christoph Graf von Seherr-Thoss ist es zu verdanken, dass nach den Zerstörungen des Zweiten Weltkriegs Bibliothek und Archiv wiederaufgebaut und erweitert wurden. Über 40.000 Medien zählt heute allein die Bibliothek. Der Schwerpunkt mit rund der Hälfte des Bestandes liegt auf den Zeitschriften zu den ADAC-Themen Automobil, Motorrad und Motorsport, aber auch Fahrrad, Boot, Fliegerei und Reisen. Zum

Eingerahmt von den Zacken des Neubaus – das alte Kontorhaus

Festausgabe 1906 der Zeitschrift „Deutscher Motorradfahrer"

Bestand gehören auch Monografien und Lexika. Ergänzend kommt eine große Zahl von Land- und Straßenkarten dazu.

Der besondere Stolz der Sammlung sind die „libri rari".[1] Beeindruckendes Beispiel ist das „Itinerarium Germaniae, das ist: Reisbuch durch Hoch- und Nider-Teutschland" aus dem 17. Jahrhun-

---

1 Seltene Bücher.

dert.² Über die Online-Plattform „zwischengas.com" erhält man Zugang zu über 260.000 Seiten digitalisierter Zeitungen, Magazine, Prospekte und weiterer Unterlagen rund um historische Fahrzeuge. Der Vollzugriff ist kostenpflichtig.

Besondere Sammlungen erweitern das Spektrum von Motor, Reisen und Mobilität. Rund 1.200 Darstellungen des heiligen Christophorus, bekannt als Schutzheiliger der Reisenden, umfasst die „Christophorus-Sammlung". Unter den vielen einzigartigen Exemplaren ragen einige besonders heraus, darunter ein Kupferstich von Albrecht Dürer aus dem Jahr 1521 und eine Farblithografie von Oskar Kokoschka von 1965. Über 700 Plaketten, Embleme und Anstecknadeln des Clubs,³ die zu Veranstaltungen ausgegeben wurden, gehören ebenso zur Sammlung. Die ältesten sind über hundert Jahre alt. An den Wänden des Ausstellungsraums sind teils großformatige Werbeplakate und Bilder zu sehen – farbige, sprechende Momentaufnahmen namhafter Fahrrad-, Motorrad- und Automobilhersteller meist aus der Zeit des Fin de Siècle. Glänzend restaurierte Zweirad-Oldtimer stehen in der Mitte der Ausstellungsfläche.

Die Bibliothek ist für ADAC-Mitglieder, Fachpublikum und Studierende nach Vereinbarung geöffnet. Ebenso lohnend ist auch ein Blick auf die musealen Schätze, die im Rahmen einer Führung erkundet werden können.

Hansastraße 19, 80686 München
Tel. 089 76765068
bibliothek@adac.de

---

2   Informationen aus: www.auto-motor-und-sport.de/event/adac-bibliothek-und-sammlungen-clubhaus-mit-unterirdischer-schatzkammer/.
3   ADAC Oldtimer-Ratgeber 2018/2019 und ADAC Bibliothek. Literatur und Sammlungen, München 2001.

Bibliothek des Deutschen Alpenvereins

→ Die Praterinsel ist eine der beiden befestigten und bebauten Flussinseln[1] der Isar mitten in München. Zuerst ein Erholungs- und Nutzgarten der Franziskanermönche, stand dort später ein Gasthaus mit Karussell und Tanzsaal, das dem 3,6 Hektar großen Land im Fluss seinen Namen gab. Später kaufte der Spirituosenfabrikant und Politiker Anton Riemerschmid die Insel und errichtete auf ihr 1870 seine „Königlich Bayerische privilegierte Weingeist-, Spiritus-, Likör- und Essigfabrik".[2] Mehr als ein Jahrhundert später zog die Fabrik vor die Tore Münchens. Bereits 1908 wurde das Gebäude auf dem südlichen Inselteil zusammen mit dem angeschlossenen Park dem Deutschen Alpenverein (DAV) überlassen.

Unter dem Motto „Berge im Kopf – Berge im Buch" stehen rund 70.000 Medien über die Geschichte des Bergsteigens, über Umweltschutz, Sicherheit und Risiko in den Bergen, über Bergmedizin, Kultur, Lawinenforschung, Ausrüstung, Training, Recht, Fotografie, Familienbergsteigen oder Bergsport in der Schule bereit.

Nicht nur Bergsteiger werden hier fündig, auch Glaziologen, Geologen und Botaniker finden Material für ihre Forschungen. Eine Quelle für Historiker ist auch das online aufrufbare Volltextarchiv der Alpenvereinsjahrbücher von 1869 bis 2010.

Aber nicht nur wissenschaftliche und Fachliteratur hat die DAV-Bibliothek im Angebot. Für die gute Unterhaltung sorgen Romane, Krimis, Kochbücher, Biografien, Bildbände, CD-ROMs, DVDs, Spielfilme, Spiele, Lehrbücher, Comics und Kinderbücher. Analoge und digitale Karten ergänzen den Bestand.

Die Bibliothek des Deutschen Alpenvereins besteht seit 1902 und hat gute und schlechte Zeiten hinter sich. Vor allem die Schäden, die der Zweite Weltkrieg angerichtet hat, waren enorm. So wurde in einer Bombennacht im Oktober 1943 die gesamte Biblio-

---

1 Bei der anderen Flussinsel handelt es sich um die Museumsinsel mit dem Deutschen Museum und seiner Bibliothek.
2 www.muenchenwiki.de/wiki/Praterinsel#.

Bibliothek des Deutschen Alpenvereins

Praterinsel mit Museum

thek mit 60.000 Bänden, wertvollen Handschriften und Archivalien ein Raub der Flammen. Umso erstaunlicher sind der Wiederaufbau und Ausbau des Bestandes. Die positive Wandlung von der reinen Forschungs- und Bildungsbibliothek zu einem Aufenthalts-, Erlebnis- und Kommunikationsort wurde in den vergangenen Jahren erfolgreich vollzogen, ohne den wissenschaftlichen Aspekt zu vernachlässigen.

Aber nicht nur ein Besuch der Bibliothek, sondern auch der Dauerausstellung oder einer der Wechselausstellungen des Museums bietet sich an. Ein Spaziergang in die Grünanlagen rechts der Isar und – für ausdauernde Spaziergänger – sogar ein Wechsel in den Englischen Garten links der Isar runden den Ausflug auf die Praterinsel ab.

Praterinsel 5, 80538 München
Tel. 089 211224-0
www.alpenverein.de/Kultur/Bibliothek-Archiv

Bibliothek des Bundesfinanzhofs

→ In einer schlossähnlichen Villa im Münchner Nobelstadtteil Bogenhausen hat der Bundesfinanzhof seinen Sitz. Es ist ein geschichtsträchtiger Platz, auf dem schon der bayerische Politiker und Staatsreformer Maximilian Graf von Montgelas ein Anwesen und einen Park besaß. Dort wurde am 25. August 1805 auch der Geheimvertrag von Bogenhausen[1] zwischen dem napoleonischen Frankreich und Bayern geschlossen. Als Folge dieses Bündnisses wurde Bayern 1806 Königreich. Nach Montgelas' Tod erwarb Herzog Max in Bayern[2] die Liegenschaft. Schließlich wollte die Stadt dort einen Tierpark errichten, es fehlte aber am Geld und die Gebäude verfielen.[3] Um 1900 kaufte der Maler und Farbenfabrikant Ernst Philipp Fleischer das Grundstück, um dort ein Wohn- und Gesellschaftshaus mit Gemäldegalerie und Atelier im Stil des Neobarock zu errichten. Der Plan gedieh nur bis zum Rohbau, dann gingen dem Bauherrn die Mittel aus.

Das Deutsche Reich erwarb 1919 das unfertige Gebäude mitsamt Grund und ließ es fertig bauen. Der Sitz für den Reichsfinanzhof war geschaffen.

An das „Dritte Reich" erinnert heute eine Gedenktafel. Eine Reihe von Juristen des Reichsfinanzhofs hatte damals entscheidenden Anteil an der „Arisierung" jüdischen Vermögens, die durch nationalsozialistische „Rechtsprechung" legalisiert werden sollte.

Der heutige Bundesfinanzhof nahm seine Tätigkeit in dem traditionsreichen Bau am 1. Oktober 1950 auf. Er ist der Oberste Gerichtshof des Bundes für alle Arten von Steuern und Zöllen.

Die Bibliothek des Bundesfinanzhofs ist mit ihren über 170.000 Bänden eine der bestausgestatteten Sammlungen zum deutschen Steuer- und Zollrecht. Aber auch Literatur zum Zivilrecht, zum

---

1   www.hdbg.eu/koenigreich/index.php/objekte/index/herrscher_id/1/id/281.
2   1808–1888, Vater der späteren österreichischen Kaiserin Elisabeth, genannt Sisi.
3   www.nordostkultur-muenchen.de/architektur/bundesfinanzhof_2.htm.

Der neubarocke Bau, errichtet zwischen 1909 und 1923

Wirtschafts- und Handelsrecht, zum Staats- und Verfassungsrecht sowie zum Verfahrensrecht der verschiedenen Gerichtsbarkeiten gehört zu ihrem Sammelprofil. Als unmittelbare Nachfolgerin der Bücherei des Reichsfinanzhofs verfügt sie dabei auch über einen bedeutenden Altbestand. Rund 700 Loseblattausgaben, ca. 600 Periodika sowie diverse juristische Datenbanken ergänzen die Sammlung.

Die Bibliothek ist nicht öffentlich zugänglich und dient in erster Linie der Literaturversorgung der Richterinnen und Richter am Bundesfinanzhof. Nach vorheriger Anfrage werden in bestimmten Fällen auch externe Nutzer zugelassen, vor allem wissenschaftlich Arbeitende, Doktoranden und Habilitanden[4] oder an einem Verfahren beteiligte Personen.

Ismaninger Straße 109, 81675 München
Tel. 089 9231-228
www.bundesfinanzhof.de

---

4   Doktorand*in: Verfasser*in einer Dissertation, die zur Führung eines Doktortitels berechtigt. Habilitand*in: Verfasser*in einer Habilitationsschrift, die zum Erwerb der Lehrberechtigung an einer wissenschaftlichen Hochschule vorgelegt wird.

Bibliothek des Deutschen Patent- und Markenamts

→ Vor mehr als 70 Jahren nahm das Deutsche Patentamt in München seine Arbeit auf. Aber wie kam es an die Isar, wo es doch 1877 als „Kaiserliches Patentamt" in Berlin gegründet wurde? Nach dem Ende des Zweiten Weltkrieges musste die mittlerweile „Reichspatentamt" genannte Behörde wie alle Behörden des „Dritten Reichs" die Tätigkeit einstellen. Die Kriegsschäden waren groß und die Sowjetische Besatzungszone rund um die Enklave Berlin ein Unsicherheitsfaktor.

Der „Aufstieg Münchens zur europäischen Hauptstadt für den Schutz von Innovationen" begann am 1. Oktober 1949.[1] Grundlage war das „Gesetz über die Errichtung eines Patentamtes im Vereinigten Wirtschaftsgebiet". Dieses Gebiet umfasste die US-amerikanische und die britische Zone, die mit Wirkung zum 1. Januar 1947 zum „Vereinigten Wirtschaftsgebiet" zusammengeschlossen worden waren.

Der Münchner Oberbürgermeister Karl Scharnagl erklärte früh das große Interesse der Stadt, Sitz des Patentamts zu werden. Unterstützung fand der Plan durch den bayerischen Ministerpräsidenten Dr. Hans Ehard und seinen Ministerrat. Für München sprach u.a. auch das Vorhandensein so bedeutender Einrichtungen wie die großen wissenschaftlichen Bibliotheken, die Technische Hochschule München[2] und das Deutsche Museum als weltgrößtes Technikmuseum. So erhielt die bayerische Landeshauptstadt den Zuschlag.

Im Jahr 1959 bezog das Deutsche Patentamt das an der Isar gelegene neue Dienstgebäude, das sich mit seiner dunkelroten Fassade deutlich von der Umgebung abhebt. Der fünfgeschossige Atriumbau und das sich anschließende zwölfgeschossige Hochhaus werden der „kontextbewussten und künstlerisch ambitionier-

---

1 Zur Geschichte des DPMA vgl.: www.dpma.de/dpma/wir_ueber_uns/geschichte/index.html.
2 Heute: Technische Universität München (TUM).

Das Gebäude des DPMA, im Vordergrund die Boschbrücke über der Isar

ten Moderne" zugerechnet. Nach dem Beitritt der Deutschen Demokratischen Republik zur Bundesrepublik Deutschland am 3. Oktober 1990, also nach der Wiedervereinigung der beiden deutschen Staaten, übernahm das Deutsche Patentamt die Aufgaben des „Amtes für Erfindungs- und Patentwesen" der ehemaligen DDR. 1998 fand die Umbenennung in „Deutsches Patent- und Markenamt" (DPMA) statt und es wurde der Standort Jena in Thüringen errichtet. Seit dem 1. September 1998 verfügt das DPMA über drei Standorte in München, Jena und Berlin.

„Das Deutsche Patent- und Markenamt gehört zum Geschäftsbereich des Bundesministeriums der Justiz und für Verbraucherschutz. Es erteilt Patente, trägt Marken, Gebrauchsmuster und Designs ein und verwaltet sie. Außerdem informiert es die Öffentlichkeit über gewerbliche Schutzrechte"[3].

---

3 https://service.bund.de/Content/DE/DEBehoerden/D/DPMA/Deutsches-Patent-und-Markenamt.html.

Ein amüsantes Beispiel für die Arbeit des DPMA findet sich auf dessen Webseite: Anlässlich des Valentinstags 2020 ging man den Fragen „Gibt es ein Patentrezept für die Liebe?" und „Kann man die Liebe als Marke schützen lassen" nach. Die Auseinandersetzung mit dem Thema, die todernst und komisch zugleich geführt wird, endet mit dem Satz: „Tja, das war's dann mit der Liebe."[4]

Am Hauptsitz des Deutschen Patent- und Markenamts in München befindet sich eine der größten wissenschaftlichen Spezialbibliotheken Deutschlands zu den Themen Naturwissenschaften, Technik und gewerblicher Rechtsschutz. Sie ist in die „Hauptabteilung 2 Information" des DPMA eingebunden und öffentlich zugänglich. Ihr Bestand umfasst rund eine Million Veröffentlichungen und kann über das Suchportal „DPMAprimo" recherchiert werden. Ihren heutigen Umfang verdankt die Bibliothek auch der Tatsache, dass im Frühjahr 1944 große Bestände aus der Bibliothek des Reichspatentamts in Berlin in die osthessische Kleinstadt Heringen (Werra) gebracht werden konnten und so den Bombenangriffen entzogen wurden. Zwischen 250.000 und 300.000 Bände wurden dort in einem trockenen, 600 Meter unter der Erde gelegenen Schacht eines Salzbergwerks gelagert.

Zur Bibliothek in München gehören auch über 93 Millionen Patentdokumente aus aller Welt. Sie können als Volltexte online im elektronischen Dokumentenarchiv „DEPATISnet" gesucht werden. Die gedruckten und die Onlinebestände stehen den Besucherinnen und Besuchern im Recherchesaal zur Verfügung.

Zweibrückenstraße 12, 80331 München
Tel. 089 2195-1000 und -3435 (Nutzung von DEPATIS-Arbeitsplätzen)
www.dpma.de/service/kundenservice/index.html

---

4 www.dpma.de/dpma/veroeffentlichungen/hintergrund/valentinstag2020/index.html.

Bibliothek des Bayerischen Landtags im Maximilianeum

→ „Maximilian II.[1] beabsichtigte, seiner neuen Prachtstraße[2] ein einheitliches Aussehen zu geben, und schrieb seinen Architekten den heute nach ihm benannten Maximilianstil vor: Spitzbogige Arkaden und vorherrschende Vertikalität aus der angelsächsischen Neugotik waren die Basis, auf der die besten Elemente aller historischen Kunstepochen mit moderner Bautechnik vereint werden sollten. Das Maximilianeum ist als letztes Gebäude zugleich die Vollendung und der Niedergang dieses Stils: Kurz vor seinem Tode ordnete der König trotz bereits laufender Bauarbeiten an, die Fassade mit Rundbögen zu versehen".[3]

Der Begriff „Maximilianeum" hat heute drei Bedeutungen – er ist nicht nur der Name des Gebäudes, sondern er bezeichnet auch den Sitz des Landtags und die Studienstiftung, die der König 1852 für hochbegabte Abiturienten aus Bayern gründete, um Nachwuchs für den höheren Staatsdienst heranzubilden. Rund 130 Jahre später hat die Gleichstellung von Mann und Frau auch in die Hochbegabtenförderung Einzug gehalten und so können seit 1980 auch Frauen in den Genuss eines Studiums ohne materielle Sorgen kommen.

1949 zog der Bayerische Landtag in den repräsentativen Bau oberhalb von Isar und Isaranlagen ein. Seit seiner Gründung 1819 hatte er seinen Sitz an verschiedenen Orten in München. Ebenfalls seit 1819 besitzt der Bayerische Landtag eine eigene Parlamentsbibliothek. Fast die Hälfte davon ist heute juristische Literatur, aber auch Werke aus den Bereichen Politik, Gesellschaft, Wirtschaft, Technik und Naturwissenschaften bis hin zur bayerischen Geschichte finden sich im Angebot. 200 Tageszeitungen aus ihren

---

1   1811–1864, mit vollem Namen: König Maximilian II. Joseph, auch Max II. von Bayern genannt.
2   Die nach ihm benannte Maximilianstraße.
3   www.stiftung-maximilianeum.com/stiftung-maximilianeum/architektur-und-kunst/.

Lesesaal und Handbibliothek in der ehemaligen Pagenschule

bayerischen Heimatstimmkreisen versorgen die Abgeordneten mit aktuellen Informationen. Betritt man den 2014 neu gestalteten hellen Lesesaal, erkennt man einen, an beiden Enden abgerundeten Grundriss. Zu Zeiten des Königs befand sich hier der Turnsaal der königlichen Pagenschule.

Die Bibliothek steht nicht nur den Mitgliedern des Landtags, den Mitarbeiterinnen und Mitarbeitern der Fraktionsgeschäftsstellen oder des Landtagsamts offen, auch Studierende und beruflich Interessierte können einen Blick in den reichen Quellenschatz der Bibliothek werfen und Printmedien und elektronische Datenbanken nutzen.

Max-Planck-Straße 1, 81675 München
Tel. 089 4126-2268
www.bayern.landtag.de/info-service/landtagsamt/bibliothek/

Bibliothek der Hanns-Seidel-Stiftung

→ Der gebürtige Unterfranke Dr. jur. Hanns Seidel (1901–1961) war Mitglied der Christlich-Sozialen Union (CSU), ab 1955 deren Parteivorsitzender und von 1957 bis 1960 bayerischer Ministerpräsident. Als Vorsitzender leitete er die Modernisierung und Neuorganisation seiner Partei ein. Die politische Bildung war für ihn entscheidend für den Aufbau und Erhalt eines demokratischen Staats. Wenige Monate nach seinem Tod begannen die Planungen für eine parteinahe Stiftung, deren Namensgeber Hanns Seidel wurde. Die Eintragung ins Vereinsregister erfolgte am 11. April 1967.

„Im Dienst von Demokratie, Frieden und Entwicklung" – so beschreibt die Stiftung ihre Arbeit, die sowohl national, vorwiegend in Bayern, als auch international geleistet wird. Zur Stiftung gehören die „Akademie für Politik und Zeitgeschehen", das „Institut für Politische Bildung", das „Institut für Begabtenförderung", das „Institut für Internationale Zusammenarbeit", das „Institut für Europäischen und Transatlantischen Dialog" und das „Archiv für Christlich-Soziale Politik", zu dem auch die „Politisch-historische Fachbibliothek" gehört. Die beiden Letztgenannten „füttern" die Informations- und Wissensdatenbank, die eine Rechercheoberfläche für Archiv und Bibliothek anbietet.

Archive und Bibliotheken zählen wie Museen zu den Gedächtnisinstitutionen. Nicht immer macht es Sinn, sie getrennt voneinander zu betrachten. Auch im Fall der Hanns-Seidel-Stiftung sollten Archiv und Bibliothek zusammen gesehen werden.

Das Archiv ist sozusagen das Gedächtnis der CSU und sammelt das Schriftgut der Parteigremien, Nachlässe und Handakten der Mandats- und Funktionsträger der Partei, Akten der Parlamentsfraktionen, Parteiprogramme, Plakate, Fotos, Inhalte von Webseiten und Daten zur Geschichte der Partei.

Die politisch-historische Fachbibliothek ist öffentlich zugänglich. Schwerpunkte der Sammlung sind Politik und Politikwissenschaft, Geschichte und Zeitgeschichte sowie Staats-, Rechts-, Sozial- und Wirtschaftswissenschaften. Ein besonderer Akzent

Blick in die Handbibliothek der HSS

liegt auf den Publikationen zur politischen Bildung sowie zum Parlamentarismus und den politischen Parteien und Bewegungen.

Lazarettstraße 33, 80636 München
Tel. 089 1258-0
www.hss.de/archiv/bibliothek/

Bibliothek des ifo Instituts

→ In einer neuklassizistischen Villa von 1910, die einmal dem Schriftsteller Alfred Walter von Heymel gehörte, hat seit 1952 das „ifo Institut – Leibniz-Institut für Wirtschaftsforschung an der Universität München e.V." seinen Sitz. Es entstand 1949 aus dem „Süddeutschen Institut für Wirtschaftsforschung" und der „Informations- und Forschungsstelle für Wirtschaftsbeobachtung". Eine Politikerpersönlichkeit war maßgeblich an der Gründung beteiligt – der spätere Bundeskanzler Ludwig Erhard, der von 1949 bis 1963 Bundesminister für Wirtschaft war und sich seit 1942 mit Fragen der ökonomischen Nachkriegsplanung beschäftigte. Erhard prägte auch früh den Begriff von der „Brücke", die das Institut zwischen der wirtschaftswissenschaftlichen Forschung und der staatlichen und wirtschaftlichen Praxis bilden sollte.

„Die Analyse der Rolle staatlichen Handelns für die nachhaltige Wahrung und Steigerung wirtschaftlichen Wohlstands und gesellschaftlichen Zusammenhalts" steht als Forschungsleitthema über der Arbeit des Instituts. Dazu gehören „Forschung", „Politikberatung", „Information und Service", „Beteiligung an öffentlichen Debatten" und „Nachwuchsförderung" sowie „Nachhaltiges Wirtschaftswachstum", „Chancengerechtigkeit und Integration", „Digitalisierung der Wirtschaft", „Öffentliche Aufgaben und Besteuerung", „Globalisierung und Systemwettbewerb" und „Die Zukunft Europas".[1]

In den Nachrichten und in der Wahrnehmung der Öffentlichkeit besonders präsent sind der monatlich veröffentlichte „ifo Geschäftsklimaindex", die ebenfalls monatlich erscheinenden „ifo Konjunkturperspektiven" und das „ifo Beschäftigungsbarometer", um nur einige wenige Aktivitäten des Instituts herauszugreifen. Viermal im Jahr gibt das ifo Institut eine Konjunkturprognose der gesamtwirtschaftlichen Entwicklung in Deutschland für einen Zeitraum von bis zu zwei Jahren heraus. Zusammen mit der Bun-

---

1 www.ifo.de/ueber-ifo.

desregierung, der EU-Kommission, dem Internationalen Währungsfonds, der OECD, der Bundesbank, dem Sachverständigenrat zur Begutachtung der gesamtwirtschaftlichen Entwicklung und einer Reihe weiterer führender Wirtschaftsforschungsinstitute beteiligt es sich an den Prognosen zur Entwicklung des deutschen Bruttoinlandsprodukts.

Seit 1999 kooperiert das Ifo Institut mit dem Center for Economic Studies (CES), einem eigenständigen Institut an der Volkswirtschaftlichen Fakultät der Ludwig-Maximilians-Universität München. Es wurde von Hans-Werner Sinn gegründet, der von 1999 bis 2016 Präsident des ifo Instituts war. Das Center fördert den internationalen Austausch in Finanzwissenschaften und auf weiteren ökonomischen Gebieten.

Die Bibliothek des ifo Instituts versteht sich in erster Linie als interner Dienstleister für die Mitarbeiterinnen und Mitarbeiter des Instituts, des Center for Economic Studies sowie für Gastforscherinnen und -forscher. Außerdem können Studierende der Münchner Hochschulen auf die Leistungen der ifo-Bibliothek

Blick in die Handbibliothek

zurückgreifen. Mit rund 140.000 Medien, rund 320 laufend gehaltenen Zeitschriften und mehr als 30 statistischen Berichten ist sie eine der größten wirtschaftswissenschaftlichen Bibliotheken im süddeutschen Raum.

Literaturrecherchen sowie die Beschaffung von Daten und Informationen zu ausgewählten ökonomischen und wirtschaftspolitischen Spezialgebieten gehören zum Serviceangebot. Die Bibliothek unterhält eine enge Kooperation mit der Deutschen Zentralbibliothek für Wirtschaftswissenschaften – Leibniz-Informationszentrum Wirtschaft mit den Standorten Kiel und Hamburg und ist Mitglied des Gemeinsamen Bibliotheksverbundes der Norddeutschen Länder (GBV).[2]

Poschingerstraße 5, 81679 München
Tel. 089 9224-1348/-1349
www.ifo.de

---

[2] Zur Bibliothek vgl. ifo Jahresbericht 2018, S. 109.

Bibliothek der Industrie- und Handelskammer für München und Oberbayern

→ Die Gründung der bayerischen Industrie- und Handelskammern geht auf König Ludwig I. von Bayern zurück, der am 19. September 1842 die „Allerhöchste Verordnung, die Einführung von Handelskammern betreffend", erließ.

„Alle gewerblichen Unternehmen in Deutschland sind seit 1956 gesetzlich verpflichtet, Mitglied in der Industrie- und Handelskammer (IHK) zu sein. Von der Mitgliedschaft ausgenommen sind nur Freiberufler, reine Handwerker und landwirtschaftliche Betriebe." Seit 1956 haben die Industrie- und Handelskammern nämlich „den gesetzlichen Auftrag, das Gesamtinteresse der Wirtschaft zu vertreten, hoheitliche Aufgaben zu erfüllen, die Wirtschaft zu fördern und für Anstand im Wirtschaftsleben einzutreten".[1] Von den vielen Aufgaben der Industrie- und Handelskammern ist die Berufsbildung wohl die bekannteste. Dies schließt Unterricht, die Abnahme von Prüfungen und Fortbildungen ein.

In Bayern gibt es neun Industrie- und Handelskammern. Ihre Dachorganisation ist der Bayerische Industrie- und Handelskammertag e.V. (BIHK), der 1909 gegründet wurde. Die Industrie- und Handelskammer für München und Oberbayern ist mit rund 390.000 Mitgliedsunternehmen nicht nur die größte in Bayern, sondern in ganz Deutschland.

Die ersten Anschaffungen ihrer Bibliothek gehen auf die Zeit um 1852 zurück. Der Münchner Handels- und Gewerbestand konnte die Bibliothek ab dem Jahr 1880 benutzen. Heute zählt ihr Bestand rund 20.000 Bände und steht den Mitarbeiterinnen und Mitarbeitern der Industrie- und Handelskammer, den Mitgliedsunternehmen und Existenzgründerinnen und -gründern zur Verfügung. Sie enthält Literatur zu den Themen Recht, Volks- und Betriebswirtschaft, Existenzgründung, Umwelt, Verkehr und Berufsbildung. Die Bibliothek bietet auch Hilfen bei Fragen zu Informationsquellen wie Statistiken, Branchendaten und Literatur zur Existenzgründung. Zum Service gehören außerdem Ähnlichkeitsrecherchen für Markenanmeldungen.

Campus B, Orleansstraße 10-12, 81669 München
Tel. 089 5116-1219
www.ihk-muenchen.de/de/Themen/Bibliothek/

---

[1] Zum gesetzlichen Auftrag und zu den Aufgaben vgl. www.ihk-muenchen.de/de/%C3%9Cber-uns/.

Bibliothek der Handwerkskammer für München und Oberbayern

→ Das Bayerische Staatsministerium des Innern erließ am 11. Dezember 1899 die Anordnung zur Errichtung von Handwerkskammern. Außer für München und Oberbayern gibt es je eine Handwerkskammer für Schwaben, Mittelfranken, Oberfranken, Unterfranken und Niederbayern-Oberpfalz. In Deutschland sind es insgesamt 53 Handwerkskammern. Jeder Handwerksbetrieb ist verpflichtet, Mitglied seiner Handwerkskammer zu sein. Waren es 1960 in der Handwerkskammer München und Oberbayern rund 46.000 Betriebe, so sind im Zahlenspiegel 2018 rund 79.400 Unternehmen verzeichnet.

Zu den Aufgaben der Handwerkskammer gehören drei Leistungsbereiche – die hoheitlichen Aufgaben, die politische Interessenvertretung und die Dienstleistungen für ihre Mitglieder. Beispiele für hoheitliche Aufgaben sind u.a. das Führen der Handwerksrolle und der Lehrlingsrolle,[1] die Bestellung und Vereidigung von Sachverständigen und die Aufsicht über Innungen und Kreishandwerkerschaften.

Die Handwerkskammer ist gesetzlich verpflichtet, die Behörden bei der Förderung des Handwerks durch Anregungen, Vorschläge und die Erstattung von Gutachten zu unterstützen und regelmäßig Bericht über die Verhältnisse des Handwerks zu erstatten. Sie pflegt den Kontakt zu Parlamenten, Parteien und Behörden und wirkt an Gesetzesinitiativen mit. Ihre Mitglieder unterstützt die Handwerkskammer durch Betriebsberatungen und Angebote der Aus- und Weiterbildung.

Die „Bibliothek der Handwerkspflege in Bayern" ist eine Serviceeinrichtung der Handwerkskammer, die der Mitarbeiterschaft,

---

1   Handwerksrolle: Verzeichnis, in das die Inhaber von Betrieben zulassungspflichtiger Handwerke mit dem von ihnen zu betreibenden Handwerk einzutragen sind; Lehrlingsrolle: Verzeichnis bestehender Berufsausbildungsverträge.

den Mitgliedsbetrieben und allen Interessierten offensteht. Hervorgegangen ist sie aus den Sammlungsbeständen der Handwerkspflege in Bayern und dem Pressearchiv der Handwerkskammer. Der Bestand beträgt rund 11.000 Bände und 40 laufende Zeitschriften. Gesammelt werden Themen rund ums Handwerk mit den Schwerpunkten zeitgenössisches Kunsthandwerk und Design, Geschichte der Formgebung, Architektur und Denkmalpflege, Handwerkspolitik und Geschichte des Handwerks.

Max-Joseph-Straße 4, 80333 München
Tel. 089 5119-293
www.hwk-bayern.de/artikel/bibliothek-medien-rund-um-das-thema-handwerk-74,4032,1208.html

Staatsarchiv München

→ In Bayern gibt es acht Staatsarchive: in Amberg für den Regierungsbezirk Oberpfalz, in Augsburg für Schwaben, in Bamberg für Oberfranken, wobei Coburg ein eigenes Staatsarchiv für Stadt und Landkreis Coburg hat, in Landshut für Niederbayern, in München für Oberbayern, in Nürnberg für Mittelfranken und in Würzburg für Unterfranken. In München haben zudem das Bayerische Hauptstaatsarchiv und die Generaldirektion der Staatlichen Archive Bayerns ihren Sitz.

Der Generaldirektion sind das Hauptstaatsarchiv und die Staatsarchive „nachgeordnet". Im Behördendeutsch bedeutet das, dass eine „nachgeordnete Behörde" in der Hierarchie unter der Dienst- und Fachaufsicht einer „übergeordneten Behörde" steht.

Die Aufgaben der Generaldirektion der Staatlichen Archive Bayerns sind deshalb vor allem, für eine einheitliche administrative und fachliche Leitung der staatlichen Archive Bayerns zu sorgen, Archivarinnen und Archivare auszubilden und zentrale Fachaufgaben zu übernehmen, wozu u.a. auch die historisch-politische Bildungsarbeit gehört, die sich in Ausstellungen und Publikationen niederschlägt.

Außenansicht des Staatsarchivs München

Die ältesten Bestände des Staatsarchivs München stammen aus der Zeit des Herzogtums und Kurfürstentums Bayern der Jahre 1507 bis 1803. In der napoleonischen Zeit waren zwischen 1805 und 1816 Gebiete Tirols und Salzburgs bayerisch und so gelangten Archivalien aus dieser Zeit auch in das Staatsarchiv München. Adels- und Hofmarksarchive[1] befinden sich ebenfalls im Bestand.

Im 19. und 20. Jahrhundert kamen die Archivakten aus der Inneren Verwaltung,[2] der Justiz, aus Schulen, Fach- und Hochschulen, aus der Finanzverwaltung und einer Reihe unterschiedlichster Behörden und Gerichte dazu.

Rund 2.200 Akten der NSDAP, ihrer Gliederungen und angeschlossenen Verbände gelangten als Rückgaben amerikanischer Dienststellen in das Staatsarchiv München.

---

1 Hofmark: Adeliger oder klösterlicher Niedergerichts- und Grundherrschaftsbereich, vgl. www.hdbg.eu/glossare/eintrag/hofmark/189.
2 Heute gehören dazu die Personalverwaltung und -entwicklung, das Haushalts- und Rechnungswesen, Controlling, die Organisation sowie die Informations- und Kommunikationstechnik.

Blick in das Archivmagazin des Staatsarchivs München

Karten und Pläne, Urkunden, zeitgeschichtliche Dokumente, Mandate[3] und Fragmente bilden einen weiteren Teil des Archivbestandes der als „Selekte und Sammlungen" bezeichnet wird. Unter den Fragmenten finden sich 186 Handschriften und frühe Drucke, darunter ein handschriftliches Fragment des Nibelungenliedes aus dem 14. Jahrhundert.

Die „Zeitgeschichtliche Sammlung" mit Zeitungen, Zeitschriften, Festschriften, Vorlesungsverzeichnissen, Schuljahresberichten, Vordrucken, Briefbögen, Druckschriften, Geschäftsberichten und amtlichen Verlautbarungen ergänzt das in Aktenform vorliegende Schriftgut zur Zeitgeschichte Oberbayerns inhaltlich.

Wenn Körperschaften, Stiftungen oder Anstalten des öffentlichen Rechts keine eigenen Archive führen, verwahrt das Staatsarchiv München deren Archivgut.

Das Staatsarchiv München verfügt über eine eigene Bibliothek mit rund 46.000 Bänden, die mit den Hauptsammelgebieten Archivwesen, Quelleneditionen, Regionalgeschichte und Rechtsgeschichte die Archivierungs- und Forschungsarbeit des Hauses

---

3   Verordnungen, die Zivil- und Militärverwaltung betreffend.

unterstützt. Die Bibliothek sammelt möglichst vollständig Literatur, die einen Bezug zu den Archivalien des Staatsarchivs hat. Von Bedeutung ist auch die Amtsblattsammlung der Bibliothek, die Amtsblätter von Ämtern, Verwaltung und der Regierung von Oberbayern enthält.

Schönfeldstraße 3, 80539 München
Tel. 089 28638-2539
www.gda.bayern.de/muenchen

Bayerisches Hauptstaatsarchiv

→ Im Gegensatz zu den Staatsarchiven hat das Bayerische Hauptstaatsarchiv die Aufgabe, Archivgut staatlicher Stellen zu bewahren, die für das gesamte Staatsgebiet Bayern zuständig sind.

Das Archivgut teilt sich auf in „Ältere und Neuere Bestände". Zu den „Älteren Beständen" gehören die wittelsbachischen Territorien Kurbayern, Pfalz-Neuburg mit Sulzbach sowie Kurpfalz und Pfalz-Zweibrücken mit Nebenländern. Auch die an Bayern gefallenen Territorien und Institutionen zählen dazu, das sind die Hochstifte und Domkapitel, die Klöster und Ordenskongregationen und die weltlichen Herrschaften. Dazu kommen die Institutionen des „Alten Reichs",[1] der „Reichshofrat in Wien" vom 15. bis zum 18. Jahrhundert und das „Reichskammergericht" vom 15. bis zum Beginn des 19. Jahrhunderts. So wie im Staatsarchiv München finden sich auch im Bayerischen Hauptstaatsarchiv „Selekte und Sammlungen". Zu den sogenannten „Mischbeständen" gehören u.a. noch Fürsten-, Haus- und Familiensachen.

Die Grenze zwischen „Älteren" und „Neueren Beständen" bildet der Beginn des 19. Jahrhunderts. Zu den Neueren Beständen

---

1 Auch „Heiliges Römisches Reich" genannt, war die offizielle Bezeichnung für den Herrschaftsbereich der römisch-deutschen Kaiser vom Spätmittelalter bis 1806.

Der Lesesaal in der Amtsbibliothek

gehört das Archivgut von parlamentarischen Körperschaften, obersten Staatsorganen und unabhängigen Behörden, der Staatskanzlei, der Ministerien, Gesandtschaften, Konsulate und Sonstiger Vertretungen Bayerns bei deutschen und europäischen Einrichtungen.

Zu den Sonderbeständen zählen u.a. Teile von Akten der Planungsbehörden aus der Zeit des Nationalsozialismus, zu Gebäuden, vor allem in München, Nürnberg, am Obersalzberg bei Berchtesgaden, aber auch in Berlin.

Vom „Office of Military Government for Bavaria" gibt es Kopien auf Microfiches und Rollfilmen von Akten der US-Militärverwaltung für Bayern 1945 bis 1949, die fast alle Lebensbereiche aus dem Zeitraum umfassen.

Zu den neueren Beständen gehört auch das „Jüdische Standesregister" mit Kopien der Geburts-, Trauungs- und Sterbematrikeln einer Reihe von israelitischen Kultusgemeinden, teils aus dem 18. Jahrhundert, vor allem aber aus dem 19. Jahrhundert bis in das Jahr 1941.

Der alte Bestand des „Kriegsarchivs" geht bis ins 17. Jahrhundert zurück und umfasst die Zeit nach dem Dreißigjährigen Krieg bis 1919. Akten der Militärbehörden vom 17. Jahrhundert bis nach dem Ersten Weltkrieg gehören ebenfalls dazu wie Truppenakten aus dem Ersten Weltkrieg. Weitere Inhalte sind die Akten der Nachfolgeorganisationen der Bayerischen Armee, wozu neben der vorläufigen Reichswehr (1919/20) auch die paramilitärischen Verbände der jungen Weimarer Republik gehören (Freikorps, Einwohnerwehr, Rote Armee). Militärische Personalakten, Karten, Pläne, Bilder und Fotos sind ebenfalls Teil des Kriegsarchivs.

Eine archivrechtliche Sonderstellung nimmt das „Geheime Hausarchiv der Wittelsbacher" ein. Es ist organisatorisch eine Abteilung des Bayerischen Hauptstaatsarchivs, Eigentümerin ist jedoch die „Stiftung Wittelsbacher Ausgleichsfonds" (WAF). „Die 1923 im Rahmen des Vermögensausgleichs zwischen den Wittelsbachern und dem Freistaat Bayern gegründete Stiftung des öffentlichen Rechts ist Eigentümerin der bis 1918 von der Königsfamilie genutzten Schlösser, diverser Forste, der Kunstsammlungen und des Hausarchivs der Wittelsbacher. Die Erlöse des Fonds dienen dem Unterhalt der Angehörigen der ehemaligen Dynastie".[2] „Die Benutzung dieses Archivs ist nur mit Zustimmung des jeweiligen Chefs des Hauses Wittelsbach möglich".[3] Seit 1996 ist das Herzog Franz von Bayern.

Archive sind, genauso wie Bibliotheken, in aller Regel „Institutionen des öffentlichen Informationswesens".[4] Sie informieren nicht nur durch Publikationen, Vorträge und Ausstellungen, sondern bereiten das Archivgut so auf, dass es aufgefunden und benutzt werden kann. Neben Angehörigen von Wissenschaft und Forschung oder des Fachjournalismus gehören beispielsweise auch Familienforschende zum regelmäßigen Nutzerkreis.

---

2   www.historisches-lexikon-bayerns.de/Lexikon/Wittelsbacher_Ausgleichsfonds.
3   www.gda.bayern.de/hauptstaatsarchiv/bestaende/abteilung-iii-geheimes-hausarchiv/.
4   Vgl. Klaus Gantert: Bibliothekarisches Grundwissen, 9. Auflage, Berlin 2016, S. 7.

Zum „Kriegsarchiv" gehört eine Bibliothek mit knapp 30.000 Bänden, die vor allem bayerische und deutsche Militärgeschichte bis zum Ersten Weltkrieg beinhaltet. Außerdem besitzt das „Kriegsarchiv" eine Sammlung von rund 19.500 Druckvorschriften[5] bis zum Zweiten Weltkrieg, darunter auch viele aus Preußen, und Ranglisten. Archiv und Bibliothek sind in München-Neuhausen, rund vier Kilometer vom Archivhauptgebäude, in einem zweigeschossigen Rohbacksteinbau aus den Jahren 1927/28 untergebracht.

Auch das „Geheime Hausarchiv" hat eine eigene Bibliothek mit Werken zur Geschichte des Hauses Wittelsbach und umfasst rund 9.500 Bände. Archiv und Bibliothek sind nur wenige Meter vom Hauptstaatsarchiv im Gebäude des ehemaligen Bayerischen Kriegsministeriums in der Ludwigstraße untergebracht.

Einschließlich dieser zwei Teilbibliotheken enthält die Bibliothek des Bayerischen Hauptstaatsarchivs rund 222.300 Bände. Gesammelt werden Schriften über Archivwesen und Archivtechnik, Quelleneditionen und Darstellungen zur bayerischen und deutschen Geschichte, Veröffentlichungen aus den historischen Hilfswissenschaften[6] und zur bayerischen und deutschen Verfassungs-, Verwaltungs-, Rechts- und Kirchengeschichte. Im Hauptlesesaal an der Schönfeldstraße steht den Besuchern eine Freihandbibliothek von annähernd 10.000 Bänden zur Verfügung.

Bayerisches Hauptstaatsarchiv
Schönfeldstraße 5-11, 80539 München
Tel. 089 28638-2596
Tel. 089 28638-2517 (Hausarchiv)

Kriegsarchiv
Leonrodstraße 57, 80636 München
Tel. 089 18951680

www.gda.bayern.de/hauptstaatsarchiv/benuetzung-und-hilfsmittel/

---

5 Drucksachen, die Verordnungen und Vorschriften beinhalten.
6 Vgl. z.B. www.lwg.uni-hannover.de/wiki/VITU_V:_Hilfswissenschaften.

Stadtarchiv München

→ Stadt- und Gemeindearchive sind Gedächtnisse und Bewahrer der Ortsgeschichte. In München wurde im Amtsbereich der Stadtkammer erstmals im Jahr 1520 ein städtisches Archiv erwähnt und im Jahr 1777 der erste „Stadtarchivarius" berufen.[1]

Waren es im Mittelalter und in der Frühen Neuzeit vor allem Ratsprotokolle, Steuerbücher, Kammerrechnungen und Urkunden, die im Archiv bewahrt wurden, wuchs die Zahl der Archivalien im 19. und 20. Jahrhundert mit der Größe der Stadt.

Das Stadtarchiv enthält Akten zu allen Aufgabenbereichen der städtischen Verwaltung genauso wie Dokumente zur wirtschaftlichen Entwicklung Münchens. Unter den vielen Gewerben ist das Brauwesen typisch für die Stadt. Seine Geschichte spiegelt sich u.a. in den Archiven der Münchner „Spaten-Brauerei" und des „Vereins der Münchner Brauereien", die sich beide im Stadtarchiv befinden.

Zur Architektur und Kunstgeschichte gehören Baugenehmigungsakten nicht mehr existierender Gebäude, aber auch Pläne noch bestehender denkmalgeschützter Gebäude. Die Bauakten der städtischen Gebäude befinden sich ebenfalls im Archiv. Die „Plansammlung" enthält auch besonders aufschlussreiche Dokumente zur Architektur- und Stadtplanung des „Dritten Reichs".

Die „Fotosammlung" umfasst die stattliche Zahl von rund 1,8 Millionen Fotos aus der Zeit von 1850 bis heute. Das Bildmaterial besteht aus topografischen Ansichten, Fotos von Einzelpersonen und Abbildungen zur Ereignisgeschichte Münchens. Wenig bekannt ist, dass der Schriftsteller, Schauspieler, Musiker, Maler und Komiker Karl Valentin auch ein besessener Sammler war. Die Fotosammlung zu seiner Heimatstadt München stammt aus der Zeit zwischen 1855 und 1910 und enthält Fotos und Postkarten von Gebäuden, Straßen und Plätzen der Stadt. Sie dokumentieren deren Aussehen, Veränderung, Verfall oder Neubebauung, was oft nicht die Zustimmung Karl Valentins fand. Er vermisste sein

---

1 www.archivportal-d.de/info/aktuelles/Vorstellung_Stadtarchiv_Muenchen.

Westtrakt des Stadtarchivs

„Altes München" und hatte Bedenken, dass es in der Stadt wegen zu hoher Gebäude bald zu „neuyorkeln" anfinge.²

Von 1818 bis 2017 wurde die „Münchner Stadtchronik"³ geführt, in über 700 Bänden wurde darin chronologisch über die Stadt, ihre Geschichte und Entwicklung berichtet. Im 21. Jahrhundert stellte sich das Format der Chronik jedoch als ungeeignet für eine Gesamtdokumentation des vielfältigen Stadtlebens und Alltagsgeschehens heraus.

Das Stadtarchiv setzt mit seiner zeitgeschichtlichen Sammlung die Dokumentation der Ereignisse in der Stadt fort. Für Stadthistoriker und andere Interessierte sind die Chroniken jedoch eine Fundgrube, die inzwischen auszugsweise auch online zur Verfügung stehen.

---

2 www.tz.de/muenchen/stadt/karl-valentin-foto-sammlung-muenchen-bilder-902844.html.
3 www.muenchen.de/rathaus/Stadtverwaltung/Direktorium/Stadtarchiv/Chronik/Chr-Allgemein.

Von der Frühen Neuzeit bis zur Gegenwart werden die Akten zu den städtischen Schul- und Bildungseinrichtungen gesammelt, aber auch Informationen über die privaten Ausbildungsstätten. Die städtischen Kultureinrichtungen und die Kulturförderung sind ebenfalls Themen des Stadtarchivs München. Zu den Einrichtungen gehören so bekannte Institutionen wie die Münchner Philharmoniker, das Stadtmuseum, die Kammerspiele oder die städtischen Bibliotheken.

Die Münchner Standesämter geben seit 2009 nach festgelegten Fristen von 110, 80 und 30 Jahren Personenstandsbücher über Geburten, Heiraten und Sterbefälle an das Stadtarchiv München ab. Nachlässe Münchner Persönlichkeiten ergänzen das klassische Archivgut.

Nicht nur behördliche Akten und Dokumente städtischer Einrichtungen gehören zum Stadtarchiv. Die „zeitgeschichtliche Sammlung", die seit 2018 auch die Stadtchronik ersetzt, enthält Zeitungsausschnitte, Flugblätter, Programme, Broschüren und andere Dokumente zu Personen, Ereignissen und Sachthemen von der Mitte des 19. Jahrhunderts bis heute. Die seit 1924 bestehende „Filmsammlung" ist ein Ton- und Bildarchiv von überregionaler Bedeutung. Die „Grafiksammlung" aus den Jahren 1650 bis 1950 umfasst 3.100 Blätter, die „Plakatsammlung" von 1850 bis heute rund 42.000 Exemplare.

Ein besonderes Anliegen des Stadtarchivs ist die Dokumentation der jüdischen Geschichte Münchens. Dazu erschien in den Jahren 2003 und 2007 das zweibändige „Biographische Gedenkbuch der Münchner Juden 1933–1945", das mittlerweile auch in einer Online-Version vorliegt.

Die Migrationsgeschichte der Stadt ist eines der jüngsten Forschungsfelder, dem sich das Stadtarchiv als Langzeitaufgabe widmen wird. Dabei spielt nicht nur das Archivgut aus der öffentlichen Verwaltung eine Rolle, es werden auch Quellen aus Migrantenvereinen und vergleichbaren Institutionen sowie Interviews mit Zeitzeugen herangezogen.

Die Forschungsergebnisse des Stadtarchivs München schlagen sich nicht nur in Publikationen nieder, die Öffentlichkeit kann sich in wechselnden Ausstellungen und bei Vorträgen ein Bild von der Geschichte und Entwicklung der bayerischen Landeshauptstadt machen.

Zwei miteinander verbundene wissenschaftliche Spezialbibliotheken ergänzen die Archivalienbestände und stellen die benötigte Literatur für deren Erforschung zur Verfügung. Zum einen ist dies die Bibliothek des Stadtarchivs München, zum anderen die Bibliothek des Historischen Vereins von Oberbayern,[4] der 1837 gegründet wurde. Stadtarchiv und Verein befinden sich unter einem Dach, ihre rund 200.000 Medien umfassenden Bestände sind mit wenigen Ausnahmen in einem gemeinsamen Onlinekatalog recherchierbar. Die Bestände der Amtsbibliothek des Stadtarchivs stammen im Wesentlichen aus dem 19. bis 21. Jahrhundert.

Die geschichtswissenschaftliche Gelehrtenbibliothek des „Historischen Vereins von Oberbayern" verfügt in idealer Ergänzung u.a. über umfangreiche und wertvolle Altbestände des 16. bis 18. Jahrhunderts. Thematische Schwerpunkte der Sammlungen sind Monacensia,[5] Bayerische Landesgeschichte und Vergleichende Städteforschung. Der Bibliothekar und Archivar Heinrich Konrad Föringer[6] war von 1840 bis 1878 maßgeblich für den Aufbau und die inhaltliche Ausrichtung des Bestands verantwortlich. Darüber hinaus wirkte er ab 1846 als Leiter der Privatbibliothek König Ludwigs I. und war Mitglied der Bayerischen Akademie der Wissenschaften. Er soll als Beispiel für die vielen Berufskolleginnen und -kollegen stehen, die in ihren Sammlungen durch umfangreiches Wissen und zielgerichtetes fachliches Handeln bis heute Charakter und Wert von Bibliotheken grundlegend bestimmen.

In den Bibliotheken Münchens gab es während des Zweiten Weltkriegs große Verluste zu beklagen. Durch den Vertrag mit dem

---

4 www.hv-oberbayern.de.
5 Literatur zur Geschichte und Kultur Münchens.
6 1802–1880.

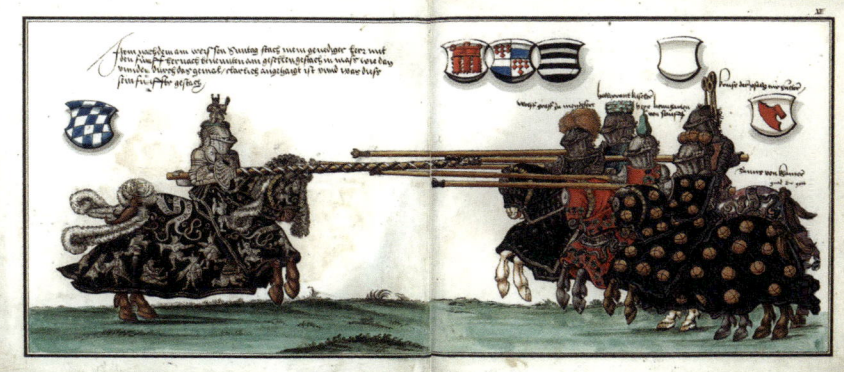

Senefelder, Theobald und Clemens: Turnier Buch Herzogs Wilhelm des Vierten von Bayern von 1510 bis 1545. - München, 1817. - Eine Inkunabel der Lithographie. Signatur: Ver. Bibl G 92

Stadtarchiv von 1943 war es möglich, die Bibliothek des „Historischen Vereins von Oberbayern" auszulagern und so gänzlich vor Kriegsschäden zu bewahren. Der wissenschaftliche Buchbestand des Vereins erhielt dadurch in den Nachkriegsjahren eine besondere Bedeutung für die stadt- und landesgeschichtliche Forschung.

Die Bibliothek des „Historischen Vereins von Oberbayern" kann heute als abgeschlossene geschichtswissenschaftliche Bibliothek gelten. Das heißt, dass ihr Bestand, abgesehen von den Periodika, nicht mehr erweitert wird.[7] Die Bibliothek des Stadtarchivs München erweitert ihre Sammlung noch durch Veröffentlichungen städtischer Dienststellen.

Winzererstraße 68, 80797 München
Tel. 089 233-30805
www.muenchen.de/rathaus/Stadtverwaltung/Direktorium/Stadtarchiv

---

[7] Vgl. Meinolf Schwarzenau: Die Vereinsbibliothek – eine Schatzkammer der Gelehrsamkeit, in: Oberbayerisches Archiv, Bd. 136, 2012, S. 72–117.

Bibliothek des Bayerischen Landesamtes für Denkmalpflege

→ Das nordöstliche Viertel der Münchner Altstadt wird die „Graggenau" genannt. Darin steckt nicht nur der Flurname „Au", auch die „Graggen" („Kracken" oder „Krähen") haben dieser Auenlandschaft ihren Namen gegeben.[1] Herzog Albrecht V. von Bayern ließ dort hinter der nördlichen Stadtmauer von 1563 bis 1567 den Marstall- und Kunstkammerbau des Hofs errichten. Er gehört zu den bedeutenden Profanbauten der Stadt und ist bis heute berühmt für seinen Innenhof mit den drei Arkaden, der an die italienische Renaissance-Architektur anknüpft. Im Jahr 1809 zog das Königlich bayerische Hauptmünzamt ein, davor erhielt das Gebäude seine klassizistische Fassade. Noch heute ist über dem Eingang die Inschrift „Moneta Regia" zu lesen und darunter die römische Jahreszahl „MDCCCIX".

In den Kriegsjahren 1944 und 1945 wurde der Bau weitgehend zerstört. Der bayerische Staat ließ den Münzhof von 1950 bis 1962 in seiner ursprünglichen Form wiederaufbauen. Im Jahr 1986 zog das Bayerische Hauptmünzamt in ein neues Gebäude in der Zamdorfer Straße im Osten der Stadt und das Bayerische Landesamt für Denkmalpflege (BLfD) zog in den Hofgraben.

Das Bayerische Landesamt für Denkmalpflege ist die zentrale Fachbehörde des Freistaats Bayern für Denkmalschutz und Denkmalpflege. Der Hauptsitz in München und fünf weitere Dienststellen in Thierhaupten bei Augsburg, in Nürnberg und Regensburg, in Schloss Seehof bei Bamberg und Weißenburg in Bayern erfüllen die umfassenden Aufgaben der Denkmalpflege:
- das Führen der bayerischen Denkmalliste, die über den „Denkmal-Atlas Bayern"[2] online zugänglich ist,
- Beratung und Information in allen Fragen der Bau- und Kunstdenkmalpflege sowie der Bodendenkmalpflege,[3]

---

1 Vgl. www.muenchenwiki.de/wiki/Graggenauer_Viertel.
2 www.denkmal.bayern.de.
3 Bodendenkmal = im Boden verborgenes Zeugnis der Kulturgeschichte.

Blick in den Innenhof im Stil der italienischen Renaissance

- Beratung und Förderung von Projekten der 1.300 nichtstaatlichen Museen in Bayern (die Landesstelle für die nichtstaatlichen Museen in Bayern ist Teil des Landesamtes),
- Beratung von Denkmaleigentümern, Begleitung von Instandsetzungs- und Restaurierungsprojekten,
- Beaufsichtigung archäologischer Grabungen,
- Förderung denkmalpflegerischer Maßnahmen.

Die Ergebnisse der Forschungs- und Beratungsarbeit der Behörde werden in Zeitschriften und Publikationsreihen regelmäßig vorgelegt. Eine umfangreiche Publikationsliste steht zur Verfügung.

Die zentrale Bibliothek in München stellt die Versorgung der Beschäftigten mit Fachliteratur sicher.[4] Sie ist aber auch für Studierende und andere wissenschaftlich tätige Personen zugänglich. Der Bestand orientiert sich an der Arbeit des Landesamtes. Daher zählen zu den Sammlungsschwerpunkten Theorie und Praxis der Denkmalpflege, Bavarica, Architektur- und Kunstgeschichte, Vor- und Frühgeschichte, provinzialrömische Archäologie sowie

---

4 Weitere Bibliotheken in den übrigen Dienststellen.

Archäologie des Mittelalters und der Neuzeit sowie Spezialliteratur zur Restaurierung. Mehr als 200 Zeitschriften werden fortlaufend gehalten. Bei den internationalen Zeitschriften liegt der Schwerpunkt auf Osteuropa.

Übrigens: Der Innenhof mit den drei Arkaden im Stil der Renaissance kann während der Dienstzeiten besichtigt werden – mit oder ohne einen Besuch der Bibliothek.

Hofgraben 4, 80539 München
Tel. 089 2114-212
www.blfd.bayern.de/abteilungen/denkmalforschung-erfassung/dokumentationswesen/index.html

Bibliothek der Staatlichen Münzsammlung München

→ Im Kapellenhof der Münchner Residenz befindet sich der Eingang zu einer Forschungseinrichtung und einem musealen Kleinod – der Staatlichen Münzsammlung München. Rund 350.000 Einzelobjekte, Münzen, Medaillen, Banknoten, Wertpapiere und geschnittene Steine finden sich in einer der großen numismatischen Fachsammlungen von internationalem Rang. Die ältesten Münzen weisen das stattliche Alter von 2.600 Jahren auf.

Die Geschichte der Münzsammlung geht zurück auf Herzog Albrecht V. von Bayern[1] und die Bestände seiner Kunstkammer. 1785 wurde durch die Vereinigung mit der kurpfälzischen Sammlung des Fürsten Karl Theodor[2] ein wichtiger Baustein hinzugefügt. Münzsammlungen aus Klöstern erhielt die Staatliche Münzsammlung München durch die Säkularisation. Ludwig I. von Bayern tätigte schon während seiner Kornprinzenzeit und später als König bedeutende Ankäufe.

Die Sammlung gewährt einen Überblick auf alle Epochen der Geldgeschichte mit Schwerpunkten auf dem Münzwesen der Antike

---
1 1550–1579.
2 1724–1799.

Lesesaal und Handbibliothek in den Räumen der Münchner Residenz

und den Kunstmedaillen seit der Renaissance. Die Entwicklung des Papiergelds von den Anfängen bis heute, Wertpapiere und seit Neuestem das Zahlungsmittel der Kreditkarten führen in die Gegenwart.

Dauerausstellung, Wechselausstellungen, Führungen, Veranstaltungen für Schulklassen und Studenten, ein Kinderprogramm, Vorträge und eine Fachbibliothek bilden das reiche Angebot für die Wissenschaft genauso wie für die interessierte Öffentlichkeit.

Die Bibliothek besitzt rund 38.500 Bände, Fachzeitschriften, Münzmandate,[3] Handschriften, Nachlässe und Fundakten. In der Fachwelt ist sie mit ihrem einmaligen Bestand als Stätte internationaler Forschung auf den Gebieten der Numismatik, der Wirtschaftsgeschichte und der Geschichte von der Antike bis zur Neuzeit anerkannt.

Residenzstraße 1 (Eingang Kapellenhof), 80333 München
Tel. 089 227221
www.staatliche-muenzsammlung.de/bibliothek.html

---

[3] Gesetze bzw. Verordnungen, mit denen bis in das frühe 19. Jahrhundert der Münzverkehr geregelt wurde.

Bibliothek der Kommission für Alte Geschichte und Epigraphik des Deutschen Archäologischen Instituts

→ Das Deutsche Archäologische Institut (DAI) widmet sich weltweit der archäologisch-altertumswissenschaftlichen Forschung. Die Zentrale befindet sich in Berlin. Das Institut ist mit drei Kommissionen, sieben Abteilungen, fünf Außenstellen und vier Forschungsstellen weltweit präsent.[1]

Die Kommission für Alte Geschichte und Epigraphik mit Sitz in München wurde 1951 gegründet und gehört seit 1967 zum Deutschen Archäologischen Institut. Die Forschungsschwerpunkte der Kommission „liegen auf dem Gebiet der griechischen und lateinischen Epigraphik, der Numismatik, der Papyrologie und der historischen Topographie. Die Kommission verbindet althistorische und archäologische Forschungen im Mittelmeerraum".[2] Unter „Epigraphik" versteht man die Inschriftenkunde, unter „Numismatik" die Münzkunde und unter „Papyrologie" die „Erforschung der auf Papyrus, Pergament, Tonscherben, Holz und anderen transportablen Schriftträgern erhaltenen Texte in griechischer und lateinischer Sprache".[3] Die „Topographie" beschreibt geografische Örtlichkeiten und stellt sie dar.

Das Sammelgebiet der Bibliothek umfasst den gesamten Bereich der Alten Geschichte einschließlich der wichtigsten Hilfswissenschaften und wird von Wissenschaftlerinnen und Wissenschaftlern aus der ganzen Welt aufgesucht.

Schwerpunkte des Bestandes sind, an die Forschungsthematik der Kommission angelehnt, die griechische und lateinische Epigraphik, die Papyrologie und die antike Numismatik. Alle drei Bereiche gehören auch zu den historischen Hilfswissenschaften. Der Bestand der Bibliothek zählt rund 46.000 Bände und 160 laufende Zeitschriften.[4]

---

1 Vgl. www.dainst.org/dai/standorte/kontakte.
2 Vgl. www.dainst.org/standort/-/organization-display/ZI9STUj61zKB/18350.
3 Vgl. www.uni-trier.de/index.php?id=67899.
4 Stand: Januar 2020.

Der Förderung des wissenschaftlichen Nachwuchses dient das „Jacobi-Stipendium", das von der „Elise und Annemarie Jacobi-Stiftung" und der „Gerda Henkel Stiftung" finanziert wird. Es ermöglicht Doktorandinnen und Doktoranden meist zweimonatige Forschungsaufenthalte in der Bibliothek der Kommission und findet seit der Einführung im Jahr 2005 großes internationales Interesse.

Amalienstraße 73 b, 80799 München
Tel. 089 286767-60
www.dainst.org/standort/-/organization-display/ZI9S-TUj61zKB/18350
https://www.dainst.org/karriere/stipendien/stipendien-aek

Bibliothek der Monumenta Germaniae Historica

→ Sowohl Name des herausgebenden Instituts als auch Titel der wohl wichtigsten Quellensammlung zur mittelalterlichen Geschichte, das sind die Monumenta Germaniae Historica (MGH). Ihren Ursprung haben sie in der „Gesellschaft für ältere deutsche Geschichtskunde", die 1819 auf Anregung des preußischen Beamten, Staatsmanns und Reformers Heinrich Friedrich Karl Reichsfreiherr vom und zum Stein gegründet wurde.

Die Monumenta Germaniae Historica haben sich zum Ziel gesetzt, durch kritische Editionen die Erforschung der deutschen und europäischen Geschichte des Mittelalters zu fördern. Dazu werden u.a. mittelalterliche Textquellen zugänglich gemacht. Kernergebnis der Arbeit sind die Publikationen,[1] die in verschiedenen Reihen erscheinen. Die Bildungssprache des Mittelalters war Latein. So erklären sich die Namen einiger Reihen: „Scriptores" für Chroniken, Annalen und Staatsschriften, „Leges" für Rechtsquellen, „Diplomata" für Urkunden, „Epistolae" für Briefe und „Antiquitates" für Gedichte, Nekrologe[2] und Memorialbücher.

---

[1] www.mgh.de/publikationen/publikationen-allgemeines/.
[2] Nachrufe, Totenlisten.

Mitbegründer der MGH, Reichsfreiherr vom und zum Stein, Gemälde von Johann Christoph Rincklake

Zu den bedeutenden Publikationen gehört neben einer Vielzahl weiterer Reihen die Zeitschrift der Monumenta Germaniae Historica „Deutsches Archiv für Erforschung des Mittelalters". Für die moderne Forschung spielen die „dMGH", die „digitalisierten Monumenta Germaniae Historica" eine wichtige Rolle. In einem Gemeinschaftsprojekt zwischen den Monumenta Germaniae Historica und der Bayerischen Staatsbibliothek München wurden sämtliche Editionsbände digitalisiert und frei zugänglich zur Verfügung gestellt. Für die älteren Bände war die Volltexterfassung 2010 abgeschlossen, neue Bände werden nach einer Schutzfrist von drei Jahren in die „dMGH" aufgenommen.

Die Monumenta Germaniae Historica sind seit 1967 im linken Flügel des Gebäudes der Bayerischen Staatsbibliothek in der Ludwigstraße untergebracht. Die räumliche Nähe sorgt für einen Austausch über die kurzen Wege und eine Zusammenarbeit, die auch die wertvollen Mittelalterbestände der Staatsbibliothek einbezieht.

Die Monumenta Germaniae Historica besitzen die weltweit größte Spezialbibliothek zur mittelalterlichen europäischen Geschichte. Den Grundstock bildete die Privatbibliothek des Altphilologen Ludwig Traube,[3] der von 1897 bis 1904 der Zentraldirektion der Monumenta Germaniae Historica angehörte. Oswald Holder-Egger,[4] mittellateinischer Philologe, Paläograph und langjähriger Leiter der Abteilung „Scriptores", vermachte 1911 seine private Büchersammlung ebenfalls der Bibliothek. Zahlreiche weitere Nachlässe ehemaliger Mitarbeiter und befreundeter Forscher erweiterten den Bestand. Viele Bände aus bedeutenden Bibliotheken, auch aus heute zerstörten Sammlungen, kamen dazu.

Zum Bestand mit gegenwärtig mehr als 170.000 Bänden gehören zwei mittelalterliche und 19 neuzeitliche Handschriften, 90 Fragmente mittelalterlicher Handschriften, acht Inkunabeln, über hundert Postinkunabeln, rund 3.000 Reproduktionen von mittelalterlichen Handschriften (Filme, Filmabzüge, Fotoplatten) und 205 laufende Zeitschriften.

Nur wenige Schritte vom Lesesaal entfernt steht fast der ganze Bibliotheksbestand in Freihandaufstellung und ist so für alle zugänglich. Die Benutzung der Bibliothek richtet sich primär an Postgraduierte[5] oder Geschichtsstudentinnen und -studenten, die sich am Ende ihres Studiums befinden und in ruhiger Atmosphäre ihre Abschlussarbeiten verfassen möchten.

Mit Ausnahme von Datenbanken, die einer Nationallizenz unterliegen, können im „virtuellen Lesesaal" Nachschlagewerke, Quellensammlungen, digitale Zeitschriften oder Handschriftenkataloge bequem von zu Hause aus eingesehen werden.

Ludwigstraße 16, 80539 München
Tel. 089 28638-2382
www.mgh.de/bibliothek/bibliothek-allgemeines/

3 1861–1907.
4 1851–1911.
5 Postgraduierte haben i.d.R. bereits ein Studium erfolgreich abgeschlossen und wollen z.B. einen weiteren akademischen Grad erwerben.

Bibliothek des Instituts für Zeitgeschichte München-Berlin

→ Gegründet 1949, war das Institut für Zeitgeschichte (IfZ) das erste Institut, das sich die wissenschaftliche Erforschung der nationalsozialistischen Diktatur zur Aufgabe gemacht hat. Damals trug es noch den Namen „Deutsches Institut für Geschichte der nationalsozialistischen Zeit".

Heute ist es eine der wichtigsten geschichtswissenschaftlichen Institutionen, eine außeruniversitäre Forschungseinrichtung, welche die gesamte deutsche Geschichte des 20. Jahrhunderts bis zur Gegenwart in ihren europäischen und globalen Bezügen erforscht.

Das Arbeitsspektrum mit den Schwerpunkten „Diktaturen im 20. Jahrhundert", „Demokratien und ihr historisches Selbstverständnis", „Transformationen in der neuesten Zeitgeschichte", „Internationale und transnationale Beziehungen" hat sich deutlich erweitert.

Standorte sind die Forschungsabteilung in München, die Forschungsabteilung in Berlin, die Aktenedition zur Auswärtigen Politik der Bundesrepublik im Auswärtigen Amt in Berlin und das „Berliner Kolleg Kalter Krieg" sowie die „Dokumentation Obersalzberg" bei Berchtesgaden. Letztere wurde an historischer Stelle[1] als Lern- und Erinnerungsort zur Geschichte des Obersalzbergs und des Nationalsozialismus konzipiert.

Seit 2013 hat das Institut für Zeitgeschichte in München ein internationales Zentrum für Holocaust-Studien aufgebaut. In München wird neben anderen Periodika auch die auflagenstärkste, in der Fachwelt führende historische Zeitschrift, die „Vierteljahrshefte für Zeitgeschichte" (VfZ) herausgegeben.

Konferenzen, Vorträge und Buchpräsentationen an allen Standorten unterstützen den wissenschaftlichen Austausch und

---

1   Seit 1933 befand sich dort das „Führersperrgebiet Obersalzberg" mit Adolf Hitlers Berghof und den Häusern führender Mitglieder der NSDAP. Das Kehlsteinhaus gehörte ebenfalls zum Sperrgebiet.

Blick in den Lesesaal

geben der interessierten Öffentlichkeit Gelegenheit zum Dialog mit der Forschung. Doktorandenprogramme fördern den wissenschaftlichen Nachwuchs. IfZ-Wissenschaftlerinnen und Wissenschaftler üben Lehrtätigkeiten an Hochschulen im ganzen Bundesgebiet aus. Die Bibliothek des Instituts für Zeitgeschichte in München gilt als die bedeutendste Spezialbibliothek zur Geschichte des Nationalsozialismus und des „Dritten Reichs".

Wie das Institut hat sie sich aber längst zu einer thematisch breit aufgestellten Bibliothek zur gesamten deutschen und europäischen Zeitgeschichte entwickelt. Ihr Sammelprofil umfasst die deutsche und europäische Geschichte seit 1918 in ihren internationalen Bezügen mit den besonderen Schwerpunkten Nationalsozialismus und „Drittes Reich".[2] Der Bestand umfasst rund 245.000 Medieneinheiten, darunter 178.000 selbstständige gedruckte Werke, 31.000 Zeitschriftenbände sowie 36.000 E-Medien und Online-Quellen. Aus Zeitschriften und Sammelbänden wurden zusätzlich über 114.000 Aufsätze erschlossen.[3]

Die Katalogisierungsleistung der Bibliothek fließt auch in übergreifende Recherchesysteme, insbesondere in die „Deutsche Historische Bibliografie"[4] ein. Eine weitere bedeutende Abteilung in München ist das Archiv des Instituts für Zeitgeschichte. Seine Aufgabe ist es, Quellen zur Zeitgeschichte zu sammeln, zu erschließen und zu erhalten. Es ergänzt damit auch die Sammlungen der staatlichen Archive.[5]

Bibliothek und Archiv des Instituts für Zeitgeschichte sind Dreh- und Angelpunkte der Weitergabe von Wissen. Sie sind öffentlich zugänglich.

Leonrodstraße 46 b, 80636 München
Tel. 089 12688-112
www.ifz-muenchen.de/bibliothek/

---

2 Zum Sammelprofil im Einzelnen vgl. www.ifz-muenchen.de/bibliothek/ueber-die-bibliothek/profil/.
3 Stand: Januar 2020.
4 www.historicum.net/dhb.
5 Für die Bestände im Einzelnen vgl. www.ifz-muenchen.de/das-archiv/ueber-das-archiv/bestaende/.

Bibliothek des NS-Dokumentationszentrums München

→ An geschichtsträchtiger Stelle, wo vor 1945 das „Braune Haus" stand, in dem einige Jahre lang die NSDAP-Reichsleitung untergebracht war und in dessen Keller politische Gegner gefangen gehalten und gefoltert wurden, steht seit 2015 der Neubau des NS-Dokumentationszentrums.

Mit seiner kubischen Form und dem feinkörnigen weißen Sichtbeton setzt er sich deutlich von der Architektur der NS-Zeit ab. Deren Bauten stehen heute noch in unmittelbarer Nähe in der Arcisstraße und der Katharina-von-Bora-Straße. Sie werden von der Hochschule für Musik und Theater, dem Zentralinstitut für Kunstgeschichte und anderen Kulturinstituten genutzt. Somit entstand auch visuell der beabsichtigte Bruch mit der Geschichte des Standorts.

Die Dauerausstellung „München und der Nationalsozialismus" thematisiert Ursprünge und Aufstieg der NSDAP, die beson-

Handbibliothek, Informations- und Recherchebereich im Lernforum

dere Rolle der Stadt während der nationalsozialistischen Herrschaft und die Auseinandersetzung mit der NS-Zeit nach 1945. „Warum München?", „Was hat das mit mir zu tun?", „Was geht mich das heute noch an?" sind die Leitfragen der Ausstellung. Wechselausstellungen ergänzen das Angebot dieses Lern- und Erinnerungsorts.

Eine zentrale Abteilung zur thematischen Vertiefung ist das „Lernforum", ein Informations- und Recherchebereich, den man kostenlos nutzen kann.

Interaktive Informationsangebote sind an großen Medientischen abrufbar, an 24 Rechercheplätzen gibt es Zugänge zu einer umfassenden digitalen Datenbank und Zeitzeugeninterviews auf Video.

Die Präsenzbibliothek bietet Standardwerke zum Nationalsozialismus und spezielle Veröffentlichungen zur NS-Geschichte in und um München. Außerdem liegen alle Publikationen des Dokumentationszentrums zur Ansicht aus.

Ein separater Bereich weist auf Autoren hin, deren Werke im „Dritten Reich" verbrannt wurden. In 22 Hochschulstädten Deutschlands, darunter auch in München, fand unter Führung des „Nationalsozialistischen Deutschen Studentenbundes" am 10. Mai 1933 die Verbrennung von Werken verfemter Autorinnen und Autoren statt.[1]

Max Mannheimer (1920–2016), Kaufmann, Künstler, Holocaust-Überlebender, Präsident der Lagergemeinschaft Dachau, Vizepräsident des „Internationalen Dachau-Komitees" und Mitinitiator des NS-Dokumentationszentrums ist der Namensgeber für den Platz vor dem Gebäude an der Brienner Straße.

Max-Mannheimer-Platz 1, 80333 München
Tel. 089 233-67000
www.ns-dokuzentrum-muenchen.de/recherche/bibliothek/

---

1 https://de.wikipedia.org/wiki/Liste_der_verbrannten_Bücher_1933.

Bibliothek des Museums Fünf Kontinente

→ „Die Welt ist gleichsam ein Buch, von dem man nur die erste Seite gelesen hat, wenn man nichts als seine Heimat kennt." Dieses Zitat Stendhals[1] steht wie ein Motto auf der Webseite der Bibliothek des Museums Fünf Kontinente.

„Mehr als die eigene Heimat kennenzulernen" – das ist das Ziel des Museums und seiner Bibliothek. Die vielfältigen Kulturen Afrikas, Amerikas, Asiens, Australiens, Ozeaniens, des Orients und Europas werden dargestellt und verglichen, Gemeinsamkeiten und Unterschiede herausgearbeitet und Fremdes bekannt gemacht. Dies geschieht durch Ausstellungen und Vorträge, Führungen für Erwachsene und ein besonderes Kinderprogramm. Ein weiteres Standbein sind die wissenschaftliche Forschung und der Austausch auf internationaler Ebene.

---

1 Stendhal, i.e. Marie-Henri Beyle, 1784–1842, einer der bedeutendsten Realisten französischer Sprache.

Der Eingang zum Museum Fünf Kontinente und zur Bibliothek in der Maximilianstraße

Die Bibliothek unterstützt die Forschungsprojekte mit ihrer umfangreichen Sammlung ethnologischer Fachliteratur zur materiellen Kultur und Kunst außereuropäischer Völker. Mit ihrem Bestand von über 100.000 Bänden und 120 Zeitschriften und Zeitungen lässt sie kaum einen Leserwunsch offen und ist für alle zugänglich.

Das Museumsgebäude an der Maximilianstraße, einer von vier Prachtstraßen[2] Münchens, wurde zwischen 1858 und 1865 von dem Architekten und bayerischen Baubeamten Eduard von Riedel ursprünglich für das Bayerische Nationalmuseum errichtet. Seit 1926 ist es Sitz des Museums Fünf Kontinente, das zum Zeitpunkt des Einzugs bis 2014 Museum für Völkerkunde hieß.

Museumsarbeit und Bibliothek ergänzen einander, ein idealer Ort also, um einen Museumsbesuch mit einem Bibliotheksbesuch zu verbinden und das Gesehene durch das Geschriebene zu vertiefen.

Maximilianstraße 42, 80538 München
Tel. 089 210136-132
www.museum-fuenf-kontinente.de/museum/bibliothek.html

---

2   Maximilianstraße, Prinzregentenstraße, Ludwigstraße, Briennerstraße.

Bibliothek des Bayerischen Landesvereins für Familienkunde e.V.

→   Woher kommt meine Familie? Wie weit kann ich sie zurückverfolgen? Kenne ich alle meine Vorfahren? Wie erstelle ich einen Stammbaum? Wie entziffere ich alte Schriften? Wer die Geschichte seiner Familie erforschen möchte, kommt um den Service eines Vereins für Familienkunde kaum herum.

Familienkundliche Vereine gibt es in ganz Deutschland. Eine Liste findet sich auf der Webseite des Dachverbandes, der Deutschen Arbeitsgemeinschaft genealogischer Verbände e.V.[1] In Bayern ist dies der Bayerische Landesverein für Familienkunde e.V. (BLF). Er betreibt Familienforschung in Altbayern[2] und Schwaben. Viele dieser Verbände und Vereine unterhalten eigene Bibliotheken. Die bayerischen Bezirke haben Bibliotheken in Passau, Regensburg, Augsburg und München. Die genealogische und heraldische Fachbibliothek für den Bezirk Oberbayern in München umfasst mehr als 7.000 Monografien und rund hundert Periodika, deren Jahrgänge zusätzliche 5.000 Bände ausmachen.

Welche Inhalte gehören nun typischerweise zu einer genealogischen Bibliothek? Da sind die Ortschroniken, die von der Geschichte eines Orts berichten, Häuserbücher, die dasselbe für die Häuser eines Viertels oder einer Straße leisten, Adressbücher von Gemeinden und Städten und die Genealogien einzelner Familien mit ihren Stammbäumen und Familienchroniken. Aber auch Schriften über die landes- und heimatkundliche Entwicklung einer Region und ihre politische Geschichte sind ebenso wie Atlanten und Karten hervorragende Quellen. Wappen, ihre künstlerische und historische Entwicklung, ihre Bedeutung und Symbolik und das Wappenrecht, alles in allem also die gesamte Heraldik, sind ebenfalls Sammelgebiete der BLF-Bibliothek.

Der Bibliothek angeschlossen ist ein Archiv, das nicht nur die Geschichte des Vereins dokumentiert, sondern auch Nachlässe besitzt, die anderen Forschern zur Verfügung gestellt werden können. Zu den besonderen Schätzen gehören eine Siegelsammlung und mehr als 50.000 Sterbebilder. Dazu kommen noch, im Internet abrufbar, über 700.000 digitalisierte Sterbebilder. Nicht nur der historische und volkskundliche Wert ist bemerkenswert, sie enthalten auch eine Menge exakter Angaben zur Person, die für Familienforscher interessant sind. Ergänzend gibt es ein Friedhofsprojekt mit Fotos von Grabsteinen und deren „sprechenden" Inschriften.

---

1 www.dagv.org.
2 Zu Altbayern gehören Oberbayern, Niederbayern und die Oberpfalz.

Der Begriff „Familiengeschichte" gehört zu den meist gesuchten Wörtern im Internet. Ein Hinweis darauf, dass das Wissen um die eigene Herkunft ein Grundbedürfnis vieler Menschen ist.

Metzstraße 14b, 81667 München
Tel. 089 41118281
www.blf-online.de/muenchen-bibliothek-blf

Die Bibliotheken mit dem Schwerpunkt „Östliches Europa"

Es ist anzunehmen, dass der nicht sehr präzise Begriff „Östliches Europa" eingeführt wurde, um die geografisch zwar richtige, aber sprachtechnisch umständliche Differenzierung in Nordosteuropa, Mitteleuropa, Südosteuropa und Osteuropa zu vermeiden.

Gliederung Europas nach den heutigen Staatsgrenzen

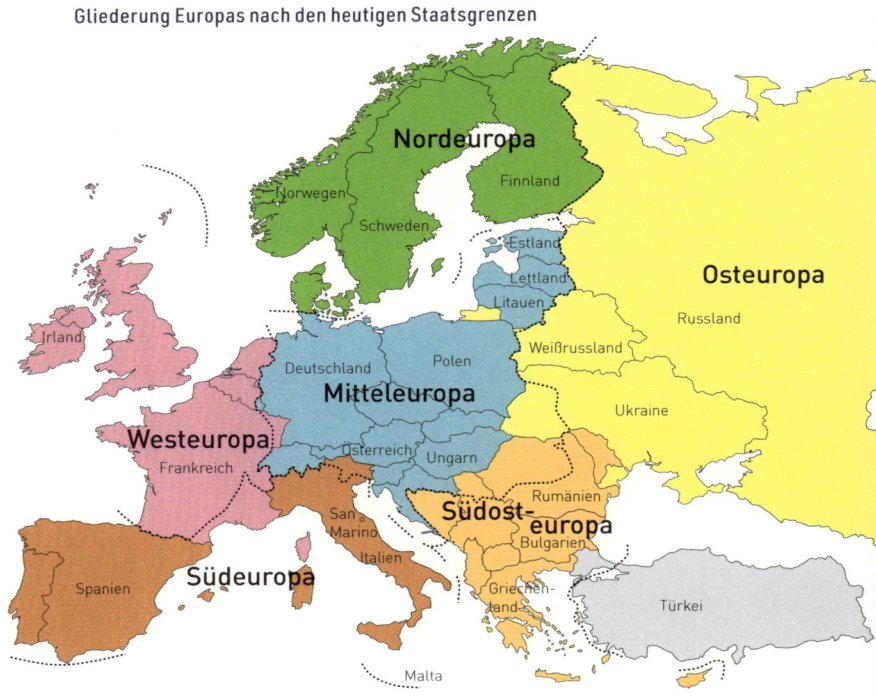

Das Thema „Östliches Europa" ist in den Bibliotheken Münchens gut vertreten. Eine internationale Spitzenposition nimmt dabei die „Osteuropasammlung" der Bayerischen Staatsbibliothek ein. Ihr Bestand umfasst rund 1,4 Millionen Bände und rund 5.000 laufende Printzeitschriften, historische und moderne Karten, Zeitungen, mittelalterliche und neuzeitliche Handschriften, eine große Sammlung an Archivmaterialien auf Mikrofilmen sowie vielfältige elektronische Medien. Geografisch weit gefasst beinhaltet sie Literatur aus und über die Länder Ostmittel- und Südosteuropas, die baltischen Länder, Finnland, das östliche Osteuropa bis hinein nach Asien, den Kaukasus und die mittelasiatischen GUS-Staaten. Inhaltlich liegen die Schwerpunkte auf Geschichte, Politik, Wissenschaft, Bildungswesen, Informationswissenschaften und Musik sowie auf Theologie, Philosophie, den Philologien, Volkskunde und Kunst.

Selbstverständlich ist das Thema Osteuropa auch in der Universitätsbibliothek der Ludwig-Maximilians-Universität München vertreten.

Kunst und kunstwissenschaftliche Literatur der ost- und südosteuropäischen Länder sind ein attraktiver Teil des Bestandes der Bibliothek des Zentralinstituts für Kunstgeschichte.

Die Bibliothek des Bayerischen Landesamtes für Denkmalpflege setzt bei den internationalen Zeitschriften den Schwerpunkt auf Osteuropa.

Die kleine Bibliothek des Klosters des heiligen Hiob von Počaev besitzt überwiegend russische theologische und historische Literatur und Fachliteratur zur Orthodoxie und Slawistik.[1]

Darüber hinaus führen fünf Spezialbibliotheken in München Literatur zu den verschiedensten Themen des östlichen Europas.

---

1 Die Kontaktdaten der Bibliotheken finden sich bei den Hauptartikeln.

Blick in die Handbibliothek mit Zeitschriftenauslage

Bibliothek des Hauses des Deutschen Ostens

→ In der Bibliothek des Hauses des Deutschen Ostens werden Medien zu Landeskunde, Volkskunde und Geschichte der Deutschen des östlichen Europas gesammelt. Diese Bevölkerungsgruppen stammen im Wesentlichen aus dem Baltikum, aus Russland, Ostpreußen,[2] Pommern,[3] Schlesien,[4] Böhmen, Mähren,[5] der Slo-

---

2 Der nördliche Teil um Königsberg/Kaliningrad gehört heute zu Russland, der südliche Teil zu Polen.
3 Heute Woiwodschaft Westpommern in Polen.
4 Heute zum größten Teil in Polen.
5 Böhmen und Mähren liegen in Tschechien.

wakei, der historischen Landschaft Bukowina,[6] aus Ungarn, Rumänien und dem ehemaligen Jugoslawien. Dazu kommen Themen wie Flucht, Vertreibung, Deportation und Aussiedlung. Belletristik deutscher Autoren des östlichen Europas ergänzt den Bestand.

Das Haus, Gebäudeteil eines ehemaligen Benediktinerinnenklosters aus der Mitte des 18. Jahrhunderts, ist malerisch am Isarhochufer in der Au gelegen. Sowohl die Bibliothek als auch die Veranstaltungen des Hauses, darunter Ausstellungen, Lesungen und Vorträge, stehen einem breiten Publikum kostenlos offen.

Am Lilienberg 5, 81669 München
Tel. 089 449993-102
www.hdo.bayern.de/bibliothek/bestand/index.php

Bibliothek des Instituts für deutsche Kultur und Geschichte Südosteuropas e.V.

→ Die Bibliothek des Instituts für deutsche Kultur und Geschichte Südosteuropas e.V. (IKGS) legt ihren Sammelschwerpunkt auf Kultur und Geschichte, Literatur und Sprache, Volks- und Landeskunde der deutschen Siedlungsgebiete in Ostmittel- und Südosteuropa. Dazu gehören Griechenland, Kroatien, die Moldaurepublik, Rumänien, Serbien, die Slowakei, Slowenien, die Ukraine und Ungarn.

Das Institut für deutsche Kultur und Geschichte Südosteuropas ist ein An-Institut der Ludwig-Maximilians-Universität München.

Halskestraße 15, 81379 München
Tel. 089 780609-13
www.ikgs.de/bibliothek

---

6   Die südliche Bukowina gehört heute zu Rumänien, die nördliche zur Ukraine.

Einladender Treffpunkt und Leseraum – die Tolstoi-Bibliothek

Tolstoi-Bibliothek

→ Als Mittlerin zwischen den Kulturen erfüllt die Tolstoi-Bibliothek in München eine Brückenfunktion zwischen Russen und Deutschen. 1949 von Emigranten gegründet, hat sie heute ihren Sitz in einem 1910/11 im Stil des Historismus erbauten Gebäude. Sie ist offen für jeden an russischer Sprache und Kultur interessierten Besucher und ermöglicht russischsprachigen Zuwanderern, ihre Herkunftskultur zu bewahren und weiterzugeben. Außer dem belletristischen Bestand gibt es eine einmalige Sammlung an Emigrationsliteratur mit bibliophilen Schätzen und handsignierten Erstausgaben aus Europa, Asien und den USA. Neben vielen anderen gehören beispielsweise die Werke von Vladimir Nabokov dazu, dem russisch-amerikanischen Schriftsteller, Literaturwissenschaftler und Schmetterlingsforscher, der zu den bedeutendsten Erzählern des 20. Jahrhunderts gehört.

Ein Blick auf den Veranstaltungskalender für Kinder und Erwachsene zeigt die Vielfalt des Angebots mit Literaturclub, Konzerten, Ausstellungen, Vorträgen und Vorlesereihen für Kinder.

Thierschstraße 11, 80538 München
Tel. 089 299775
www.tolstoi.de/russische-bibliothek/

Bibliothek der Ukrainischen Freien Universität
→ Seit 1945 hat die Ukrainische Freie Universität ihren Sitz in München. Studentinnen und Studenten aus der Ukraine können sich für das Studium an der Fakultät für Staats- und Wirtschaftswissenschaften, der Fakultät für Ukrainistik oder an der Philosophischen Fakultät einschreiben.
Die Bibliothek gilt als die größte ukrainische Spezialbibliothek im westlichen Europa. Die Universität besitzt auch ein bedeutendes Archiv zu ukrainischen Vereinen, Organisationen, Personen und Ereignissen. Dazu gehören auch Dokumente über die große Hungersnot der 1930er Jahre und Akten über Dissidenten.

Barellistraße 9a, 80638 München
Tel. 089 9973883-0
www.ufu-muenchen.de/de/library

Wissenschaftliche Bibliothek im Sudetendeutschen Haus
→ Die Wissenschaftliche Bibliothek im Sudetendeutschen Haus besitzt die größte Spezialsammlung zur Geschichte der böhmischen Länder, der Tschechoslowakei, Tschechiens und der Slowakei in Deutschland und Westeuropa. Sie wird vom Collegium Carolinum verwaltet und enthält neben dessen Beständen auch die des Sudetendeutschen Archivs (seit 2009 Sudetendeutsches Institut), des Adalbert Stifter Vereins, der Sudetendeutschen Stiftung und der Historischen Kommission für die böhmischen Länder.

Das Collegium Carolinum ist ein Forschungsinstitut für die Geschichte Tschechiens und der Slowakei. Als An-Institut gehört es zur Ludwig-Maximilians-Universität München. Das Sudetendeutsche Institut versteht sich als „Archiv der Sudetendeutschen" und sammelt, erfasst und präsentiert „Zeugnisse zur Kultur und Geschichte der Deutschen aus Böhmen, Mähren und Sudetenschlesien".[7] Der Adalbert Stifter Verein,[8] benannt nach dem böhmisch-österreichischen Schriftsteller Adalbert Stifter,[9] pflegt das kulturelle Erbe der Deutschen aus Böhmen, Mähren und Sudetenschlesien und widmet sich dem deutsch-tschechischen Dialog. Neben der wissenschaftlichen Forschungsarbeit veranstaltet der Verein Vorträge, Lesungen und Ausstellungen. Die Sudetendeutsche Stiftung,[10] eine Stiftung des öffentlichen Rechts, pflegt das Kulturgut der Deutschen aus Böhmen, Mähren und Sudetenschlesien. Ihr Vorsitzender ist der jeweilige bayerische Ministerpräsident.[11] In der Historischen Kommission für die böhmischen Länder[12] sind Wissenschaftlerinnen und Wissenschaftler zusammengeschlossen, die sich die Erforschung der Geschichte der böhmischen Länder zur Aufgabe gemacht haben.

Die Bibliothek und alle Institutionen haben ihren Sitz im „Sudetendeutschen Haus", das am Hochufer der Isar in der Oberen Au gelegen ist.

Hochstraße 8, 81669 München
Tel. 089 552606-31
www.collegium-carolinum.de/bibliothek.html

---

7   www.sudetendeutsches-archiv.de/.
8   www.stifterverein.de.
9   1805 in Oberplan (heute Horní Planá) in Böhmen geboren, 1868 in Linz, Oberösterreich gestorben.
10 www.sudetendeutsche-stiftung.de/.
11 Es könnte natürlich auch eine Ministerpräsidentin sein.
12 www.collegium-carolinum.de/hkbl/.

Bibliotheken der Kultureinrichtungen des Auslands

Amerikahaus

→ Der Münchner Karolinenplatz wurde nach der ersten bayerischen Königin Karoline von Baden[1] benannt. Sie war auch die erste Wittelsbacher Protestantin und deshalb für die Glaubensfreiheit in Bayern von großer Bedeutung.

Am Platz steht der heute denkmalgeschützte quadratische Bau des Amerikahauses, dessen trommelförmige, kupferverschalte Flachkuppel sofort ins Auge fällt. Am 13. Mai 1957 wurde das Haus als Symbol für die wiedererstandene Demokratie in München eröffnet.

Außenansicht des Amerikahauses nach der Generalsanierung

---

1   1776–1841, seit dem 1. Januar 1806 die erste Königin des neu proklamierten Königreichs Bayern, verheiratet mit Herzog Maximilian Joseph von Pfalz-Zweibrücken, nachmalig Kurfürst und später als Maximilian I. Joseph König von Bayern.

In der Bibliothek des Amerikahauses vor der Generalsanierung

Die Institution „Amerikahaus" gab es bereits seit Oktober 1945. Der Anfang war ein „American Reading Room",[2] untergebracht in der „Medizinischen Lesehalle" am Beethovenplatz. 1948 zog die stetig wachsende Bibliothek in den ehemaligen Führerbau[3] an der Arcisstraße. Dort gab es bereits einen Zeitschriftenlesesaal, eine Kinderbücherei, eine Schallplatten- und eine Filmabteilung. Außerdem standen ein Konzertsaal, Vortrags- und Unterrichtsräume und Ausstellungsflächen zur Verfügung.

Nach Kriegsende war die wichtigste Aufgabe der Amerikahäuser in Deutschland das „Reeducation Project"[4]. Amerikanische Kultur, Politik und Gesellschaft sollte beispielhaft, aber auch kritisch dargestellt werden. Das Amerikahaus wurde schnell zu einer der wichtigsten Anlaufstellen des Münchner Kulturlebens.

Im Angebot waren Vorträge, Ausstellungen zeitgenössischer Kunst und ein umfangreiches Kinderprogramm mit Filmvorstellungen, Märchenstunden sowie Sing- und Spielkreisen.

---

2   Amerikanischer Lesesaal.
3   Heute Hochschule für Musik und Theater München.
4   Umerziehung.

Grund und Gebäude am Karolinenplatz gehörten dem Freistaat Bayern, der auch den Bau finanziert hatte, während die Belegschaft und die Aktivitäten zunächst von der amerikanischen Militärregierung, später dann von der „United States Information Agency" bezahlt wurden.

Während des Kalten Kriegs wandelte sich der Auftrag des Hauses und die Festigung der transatlantischen Beziehungen stand von nun an im Vordergrund. Eine besondere Herausforderung für die Arbeit des Hauses stellte der Vietnamkrieg dar, der von zahlreichen Protesten, auch vor dem Amerikahaus in München, begleitet wurde. Die kulturelle Bedeutung des Hauses blieb jedoch erhalten.

1997 beendete die US-Regierung unter Bill Clinton aufgrund von Sparmaßnahmen ihr Engagement für das Amerikahaus. Die öffentliche Bibliothek, die Beratungsstelle für den Jugendaustausch und das Veranstaltungsprogramm standen vor dem Aus.

Das neu gegründete Bayerisch-Amerikanische Zentrum im Amerika Haus e.V. (BAZ) übernahm 1998 als Trägerverein die Leitung. Die Finanzierung teilen sich nun der Freistaat Bayern und die Landeshauptstadt München. Dazu kommen Spenden und Zuschüsse der US-Regierung sowie des Amerikahaus Vereins.

Das Amerikahaus ist nun eine bayerische Institution und ein Ort des deutsch-amerikanischen Gedankenaustauschs in den Bereichen Kultur, Wissenschaft, Politik und Gesellschaft. Es fördert akademische Netzwerke, hält Fortbildungsangebote für Lehrkräfte sowie Schülerinnen und Schüler bereit, engagiert sich in der Austausch- und Studienberatung und bietet ein reichhaltiges Veranstaltungsprogramm u.a. mit Ausstellungen, Fachtagungen, Workshops, Filmen, Konzerten, Theateraufführungen und einem englischsprachigen Buchclub.

Die Bibliothek hat sich zu einem Ort der „Information und Recherche" entwickelt mit einem Lesesaalbestand aus Sachliteratur und Nachschlagewerken zu den Themen „American and Canadian Studies", mit einem Angebot der wichtigsten transatlantischen Zeitschriften- und Zeitungsdatenbanken, mit Printzeitschriften und einer kostenlosen Ausleihe von englischsprachigen E-Books.

Im Mittelpunkt der Arbeit stehen die Bedürfnisse von Lehrkräften und Schulklassen. Der Service besteht aus drei Komponenten:
- Veranstaltungen als Lehrerfortbildungen und Schülervorträge,
- Materialien für die Unterrichtsvorbereitung,
- Recherchequellen, die speziell für den Unterricht geeignet sind.

Wer sich aber „nur" über Land und Leute informieren möchte, ist im Amerikahaus genauso willkommen.

Karolinenplatz 3, 80333 München
Tel. 089 552537-20
www.amerikahaus.de

Institut Français Munich
→ Die Verbreitung der französischen Sprache und Kultur sowie die Weiterentwicklung des interkulturellen Austauschs haben sich die weltweit tätigen 200 Institute zum Ziel gesetzt. Französischunterricht für alle Altersstufen und Zwecke, Erwerb von Sprachzertifikaten, Unterstützung von Pilotprojekten wie der „Bilingualen Grundschule Bayern", Förderung der Zusammenarbeit im Hochschulwesen, deutsch-französische Verlagstreffen, Mitwirkung beim Filmfest München und die Durchführung „Französischer Musiktage" sind nur einige Beispiele für die Aktivitäten des Institut Français Munich.

In Deutschland wurde das erste Institut Français 1949 in Freiburg gegründet. Das Münchner Institut befindet sich seit 1954 im ehemaligen „Palais Seyssel d'Aix", einem Schlösschen im Stadtteil Maxvorstadt. 1874 erwarb der königliche Kämmerer Edwin Graf von Seyssel d'Aix das Gebäude. Seine Familie stammte aus Savoyen.

„Lernen, sich informieren, sich bilden, entdecken und Spaß haben..." steht als Motto über dem Internetauftritt der Mediathek. Über 25.000 Romane und Sachbücher, Comics, Zeitschriften und Zeitungen, Kinderbücher, CDs und DVDs sind im Angebot. Ein besonderer Service ist die „bibliothèque de l'apprenant", eine Lernbibliothek mit einer Medienauswahl, die an das jeweilige Sprachniveau des Lernenden angepasst ist. Das digitale Kulturportal „Culturethèque" bietet freien Zugang zu vielen online-Medien wie E-Books, Zeitschriften und Filme.

„Eine Mediathek für Alle und ein Schaufenster zur französischsprachigen Welt für Sie" – so beschreibt sich die Einrichtung selbst.

Kaulbachstraße 13, 80539 München
Tel. 089 28662823
https://muenchen.institutfrancais.de/mediathek

Instituto Cervantes München
→ Mitten in München, in einem Gebäudeteil der Residenz, sind seit 1956 die spanische Sprache und Kultur zu Hause. Als Ausdruck der besonderen Beziehung zwischen Bayern und dem spanischen Königshaus wurde damals das „Instituto Español de Cultura" gegründet. 1994 wurde das Münchner Institut dann Teil des 1991 von der spanischen Regierung gegründeten „Instituto Cervantes". Hauptsitz ist Madrid, auf fünf Kontinenten gibt es über 80 Zentren, davon fünf in Deutschland.

Zu den Aufgaben der Institute zählen Sprachkurse für Erwachsene und Kinder, die Durchführung von Prüfungen zum Erwerb der offiziellen Spanischzertifikate, Fortbildungen für Lehrkräfte, die Unterstützung von Hispanisten[5] bei der Forschungsarbeit, die Organisation von Kulturveranstaltungen aus den Bereichen Literatur, Musik, Wissenschaft, Film, Kunst und Theater sowie die Einrichtung von Bibliotheken.

Die Bibliothek im Münchner Institut hat rund 30.000 Bücher, CDs und DVDs im Angebot. Sie steht allen offen. Der Bibliotheksausweis berechtigt auch zur kostenlosen Nutzung der

---

5 Wissenschaftlerinnen und Wissenschaftler, die sich mit der Erforschung der spanischen Sprache und Literatur beschäftigen.

Instituto Cervantes in einem Gebäudeteil der Münchner Residenz

elektronischen Bibliothek mit Tausenden von E-Books und Hörbüchern.

Im Jahr 2006 erhielt die Bibliothek den Namen des paraguayischen Schriftstellers Augusto Roa Bastos. Er lebte von 1917 bis 2005 und gilt als einer der wichtigsten Schriftsteller Südamerikas. Die Bibliothek des Instituto Cervantes München hat es sich zur Aufgabe gemacht, das Werk dieses lateinamerikanischen Schriftstellers international bekannt zu machen.

Alfons-Goppel-Straße 7, 80539 München
Tel. 089 2907180
https://munich.cervantes.es/de/bibliothek_spanisch/bibliothek_spanisch.htm

Istituto Italiano di Cultura Monaco di Baviera
→ Zwischen Theresienwiese und Großmarkthalle stand in den 1930er Jahren die „Casa degli Italiani". Dieses „Haus der Italiener"

war hauptsächlich mit Geldern der kleinen Gemeinde italienischer Obst- und Gemüseimporteure erbaut worden, die in der Nähe des Großmarktes wohnten.

1954 ließ der italienische Staat auf dem Grundstück ein neues Gebäude errichten, in dem seither das Istituto Italiano di Cultura Monaco di Baviera, das Italienische Kulturinstitut, seinen Sitz hat. 90 Institute in den bedeutendsten Städten der Welt haben es sich zur Aufgabe gemacht, italienische Kultur und Kunst, die Wissenschaften und die Kenntnisse der italienischen Sprache zu fördern. Dazu veranstalten sie Konzerte, Ausstellungen, Vorträge, Theaterabende und italienische Kulturwochen. Im Angebot sind Sprachkurse für Anfänger und Fortgeschrittene, für Kinder und Erwachsene. Auch die offiziellen Zertifikate für Italienisch als Fremdsprache können erworben werden. Das Istituto Italiano ist außerdem für Fragen zur kulturellen und wissenschaftlichen Zusammenarbeit sowie zu Studien- und Berufsangeboten in Italien zuständig. In der Bibliothek findet sich ein breites Angebot an italienischer Literatur von der Klassik bis zur Gegenwart sowie Sachliteratur vor allem aus den Bereichen Bildende Kunst, Reise und Geschichte. Vor Ort können außerdem Tageszeitungen und Zeitschriften eingesehen werden.

Hermann-Schmid-Straße 8, 80336 München
Tel. 089 746321-28
https://iicmonaco.esteri.it/iic_monaco/de/la_biblioteca

Bibliotheken der Bildenden Kunst im Kunstareal

5.000 Jahre Kulturgeschichte auf 500 mal 500 Metern – so beschreibt sich das Kunstareal mit seinen 31 Partnereinrichtungen selbst.[1] Zu diesen zählen die Pinakotheken, Museen und Galerien, das NS-Dokumentationszentrum, kirchliche Einrichtungen und Hochschulen. Alle haben sich der Kunst, der Kultur, dem Wissen,

---

1   www.kunstareal.de.

der Forschung oder dem Gedenken verschrieben. Und alle haben ihren Sitz in der Maxvorstadt zwischen Königsplatz und Theresienstraße. Mit ihrem gemeinsamen Internetauftritt, dem gemeinsamen Veranstaltungskalender und dem jährlichen Kunstareal-Fest verbinden sich die Partner sowohl virtuell als auch real. Viele der Einrichtungen verfügen über öffentlich zugängliche Bibliotheken.

Akademie der Bildenden Künste München

→ „Die Akademie versteht sich als Versuchslabor, als Nährboden für Lösungen jenseits aller Konvention. Sie steht strukturell zwischen dem geistesgeschichtlichen Erbe, das sie zu verwalten hat, dem Kunstmarkt und dem Versuch des Einzelnen, seine Gestalt gebenden Kräfte für ein geglücktes Leben zu mobilisieren."[2]

Im Angebot sind die Studiengänge „Freie Kunst", „Kunstpädagogik", „Architektur und Kunst", „Innenarchitektur" sowie „Bildnerisches Gestalten und Therapie".

Eine der großen Spezialbibliotheken für moderne Kunst in Deutschland ist die über 142.000 Bände starke Bibliothek der Akademie der Bildenden Künste München. Bücher, Ausstellungskataloge, Zeitschriften und audiovisuelle Medien gehören zum Bestand, der jedoch eingeschriebenen Studentinnen und Studenten sowie dem Lehrpersonal vorbehalten ist. Die Webseite der Bibliothek bietet u.a. einen interessanten Einblick in ihre Geschichte.

Akademiestraße 2-4, 80799 München
Tel. 089 38 52-175
www.adbk.de/de/akademie/bibliothek.html

Bayerische Staatsgemäldesammlungen

→ Zu den Bayerischen Staatsgemäldesammlungen gehören in München die Alte und die Neue Pinakothek, die Pinakothek der

---

2 www.adbk.de/de/studium.html.

Moderne, das Museum Brandhorst und die Sammlung Schack. Dazu kommen über ganz Bayern verteilt weitere Staatsgalerien.

Über 30.000 Kunstwerke befinden sich im Besitz dieser Museen in Bayern und so klangvolle Namen wie da Vinci, Dürer, Rembrandt, Tiepolo, van Gogh, Dalí, Picasso, Baselitz oder Twombly unterstreichen ihre Bedeutung.

Die Bibliothek ist in einem Flügel der Neuen Pinakothek untergebracht und den Beschäftigten der Bayerischen Staatsgemäldesammlungen vorbehalten. Die Spezialsammlung besitzt rund 130.000 Medien, davon etwa ein Viertel Monografien zu Künstlerinnen und Künstlern. Bei begründetem Interesse sind Besuche externer Personen möglich, die vorher einen Besucherausweis beantragen müssen.

Den Staatsgemäldesammlungen angeschlossen ist das Doerner Institut, das sich mit Fragen des Erhalts und der Restaurierung von Kunstwerken beschäftigt. Auch seine Bibliothek ist nur für Hausangehörige zugänglich. In begründeten Ausnahmefällen dürfen auch hier Besucher die Bestände nutzen.

Barerstraße 29, 80799 München
Tel. 089 23805-126; 089 23805-155 (Doerner Institut)
bibliothek@pinakothek.de

Die Neue Sammlung – The Design Museum
→ Die Neue Sammlung ist eines von vier Museen der Pinakothek der Moderne[3] und eines der führenden Designmuseen der Welt. Es bietet einen einzigartigen Überblick zur Entwicklung von Design und angewandter Kunst vom 19. Jahrhundert bis zur unmittelbaren Gegenwart. Die Sammlung enthält rund 80.000 Objekte in den Bereichen Industrial Design, angewandte Kunst und Graphic Design. Wer sich für diese Themen interessiert, findet in der Neuen

---

3 Des Weiteren gehören dazu: Sammlung Moderne Kunst, Staatliche Graphische Sammlung München und Architekturmuseum der TU München.

Sammlung in immer wechselnden Ausstellungen reiche Informationen und Anregung. Die Bibliothek sammelt Bücher, Zeitungen, Zeitschriften und audiovisuelle Medien zu den Themen Design, Grafik Design, Kunsthandwerk, Keramik, Glas, Textilien (ohne Mode), Schmuck, Kunstgeschichte, Architektur und Fotografie.

Zur Sparte „Design" gehören so vielfältige Themen wie Länderdesign, Industriedesign, Möbeldesign, Leuchten, Geräte und Transportmittel verschiedener Epochen. Zum Grafik Design zählen Buchgestaltung, Typografie, Plakatgestaltung, Werbung und Verpackungsdesign.

Wie manche anderen hochspezialisierten Sammlungen ist auch die Bibliothek der Neuen Sammlung vorrangig den Museumsmitarbeitern vorbehalten. Sie kann aber in begründeten Einzelfällen auch von externen Besucherinnen und Besuchern genutzt werden.

Türkenstraße 15, 80333 München
Tel. 089 2727250
www.die-neue-sammlung.de

Lenbachhaus

→ „Ich gedenke, mir einen Palast zu bauen, der das Dagewesene in den Schatten stellen wird; die machtvollen Zentren der europäischen großen Kunst sollen dort mit der Gegenwart verbunden sein."[4] So beschrieb der Maler Franz von Lenbach 1885 die Pläne für seine Künstlervilla, die er von Gabriel von Seidl erbauen ließ. Das Wohnhaus des berühmten Porträtmalers ist heute Teil der Städtischen Galerie im Lenbachhaus. 2013 wurde das Museum nach Renovierung und Erweiterung durch den britischen Architekten Sir Norman Foster wiedereröffnet. Wie sich die alte Villa und der Neu-

---

4   https://de.wikipedia.org/wiki/St%C3%A4dtische_Galerie_im_Lenbachhaus.

Das Lenbachhaus, links der Anbau von Norman Foster

bau, ein mit Messing verkleideter, golden leuchtender Kubus, zueinander verhalten, ist genauso spannend und sehenswert, wie die darin präsentierte Sammlung. Werke Franz von Lenbachs, werden in einigen wiedererrichteten Repräsentationsräumen des Malerfürsten gezeigt. Weitere Schwerpunkte sind die Sammlung 19. Jahrhundert, Werke der Künstlervereinigung „Der Blaue Reiter" und der Neuen Sachlichkeit und in Auswahl Kunst nach 1945. Joseph Beuys und Gerhard Richter stehen beispielhaft als namhafte Künstlerpersönlichkeiten für diese Epoche. Sehenswert sind auch die verschiedenen Wechselausstellungen des Hauses.

Die inhaltliche Ausrichtung der Städtischen Galerie im Lenbachhaus bestimmt auch die Themen seiner Spezialbibliothek, die rund 60.000 Medien umfasst. Münchner Malerei des 19. Jahrhunderts, die Künstlergruppe „Der Blaue Reiter" und ihre Werke, sowie ausgewählte Bereiche der Kunst nach 1945 sind auch inhaltliche Sammlungsschwerpunkte der Bibliothek. Ein zentraler Bestandteil ist das Hausarchiv, das Veröffentlichungen zu allen gezeigten Ausstellungen seit Eröffnung des Museums 1929 und andere hauseigene Publikationen wie Bestandskataloge, Jahresberichte, Presseartikel und Besucherbücher enthält.

Die Bibliothek ist in erster Linie für Hausangehörige geöffnet. Fachlich und beruflich interessierte externe Besucherinnen und Besucher sind aber nach Terminabsprache willkommen.

Luisenstraße 33, 80333 München
Bibliotheksbüro: Richard-Wagner-Straße 5, 80333 München
Tel. 089-233-82621
www.lenbachhaus.de/museum/ueber-uns

Staatliche Graphische Sammlung
→ Die Staatliche Graphische Sammlung umfasst Zeichnungen und Druckgraphik aus allen Epochen der europäischen und nordamerikanischen Zeichenkunst sowie Druckgraphik vom 12. Jahrhundert bis in die Gegenwart. Sie gehört damit zu den weltweit führenden Graphiksammlungen.

„Jede Kunstsammlung definiert sich über ihre Spitzenwerke", heißt es auf ihrer Webseite. Unter den über 400.000 Blatt finden sich Arbeiten so bedeutender Künstler wie Dürer, El Greco, Tintoretto, Tiepolo, Manet, Cézanne, Kirchner oder Tagore. Im Studiensaal können sich interessierte Besucherinnen und Besucher die Werke aus dem Bestand der Sammlung vorlegen lassen. Ebenso lohnend sind die wechselnden Sonderausstellungen.

Die Bibliothek der Graphischen Sammlung ist jedoch den Beschäftigten des Hauses vorbehalten. In Ausnahmefällen können sich externe Interessenten auf der Suche nach einer besonderen Veröffentlichung an die Bibliothek wenden.

Katharina-von-Bora-Straße 10, 80333 München
Tel. 089 28927-652
www.sgsm.eu/kontakt-contact/team-staff/

Zentralinstitut für Kunstgeschichte

→ Nur wenige Schritte vom Königsplatz entfernt findet man die gesamte Kunstgeschichte vom frühen Mittelalter bis zur Gegenwart in einer der weltweit bedeutendsten und größten kunsthistorischen Spezialbibliotheken mit einem Bestand von rund 630.000 Bänden und 1.200 laufenden Zeitschriften.[5] Zahlreiche Online-Angebote und Datenbanken komplettieren das umfangreiche Angebot des Zentralinstituts für Kunstgeschichte (ZI). Schwerpunkte der Sammlung bilden die Kunst Frankreichs, die Kunst und kunstwissenschaftliche Literatur der ost- und südosteuropäischen Länder, Kunsttheorie und Wissenschaftsgeschichte, Ikonografie, architekturtheoretische Quellenschriften, kunsthistorische Gartenliteratur sowie Kunst und Architektur des 20. und 21. Jahrhunderts. Der überwiegende Teil des Bestandes ist in der bequemen Freihandaufstellung für die Besucherinnen und Besucher direkt zugänglich.[6]

Herzog Franz von Bayern, das derzeitige Oberhaupt des Hauses Wittelsbach, Kunstkenner und Sammler zeitgenössischer Malerei und Grafik, hat 2009 seine umfangreiche Privatbibliothek zur Kunst der Moderne der Bibliothek des Zentralinstituts als Schenkung übergeben und fördert auch weiterhin die laufenden Erwerbungen der Bibliothek zur Kunst des 20. und 21. Jahrhunderts.

Ein ganz besonderes und für den Betrachter von außen sicherlich überraschendes Sammelgebiet der Bibliothek sind seit einigen Jahren französische „Graphzines",[7] sowie künstlerische Comics und Graphic Novels.[8]

---

5   Stand: Ende 2019.
6   Vgl. Jahresbericht 2018.
7   Im engeren Sinne sind „Graphzines" grafische Künstlerpublikationen einer mit dem alternativen Comic strip verbundenen figürlichen französischen Grafikszene, die sich seit den späten 1970er Jahren ausgeprägt hat. Vgl. www.zikg.eu/bibliothek/studienzentrum/fokus-graphzines/fokus-graphzines.
8   Graphic Novel = Comicroman im Buchformat, der eine abgeschlossene, thematisch komplexe Geschichte erzählt.
    Vgl. www.duden.de/rechtschreibung/Graphic_Novel.

Lesesaal und Freihandbibliothek des Zentralinstituts für Kunstgeschichte

Vier bedeutende kunsthistorische Bibliotheken haben ihre Bestände in einem gemeinsamen elektronischen Katalog erfasst – dem „Kubikat".[9] Neben dem Zentralinstitut für Kunstgeschichte in München wirken daran das Kunsthistorische Institut in Florenz,

---

9 www.kubikat.org.

das Deutsche Forum für Kunstgeschichte/Centre allemand d'histoire de l'art in Paris und die Bibliotheca Hertziana in Rom mit. Der Katalog enthielt Anfang 2020 über zwei Millionen Titelnachweise für gedruckte und elektronische Publikationen, davon rund 990.000 Aufsätze aus Zeitschriften, Ausstellungskatalogen, Kongresspublikationen, Festschriften u.ä.m.

Die Katalogeinträge des „Kubikats" sind Teil des „Bibliotheksverbunds Bayern"[10] und werden von dort in nationale und internationale Rechercheinstrumente übernommen.

Das Zentralinstitut für Kunstgeschichte wurde 1947 gegründet und ist das einzige außeruniversitäre kunsthistorische Forschungsinstitut in der Bundesrepublik Deutschland. Mit seinem Programm wissenschaftlicher Veranstaltungen ist es ein Ort der kunsthistorischen Forschung und des wissenschaftlichen Austauschs.

Die Forschung widmet sich besonders den Themen Objekt und Materialität, Kunstgeschichte als Wissen und Wissenschaft, Kunst im historisch-politischen Raum und globalen Kontext. Das Studienzentrum zur Moderne – Bibliothek Herzog Franz bildet den Forschungsschwerpunkt „Studien zur Kunst und Kunstgeschichte des 20. und 21. Jahrhunderts". Das Zentralinstitut für Kunstgeschichte versteht sich als ein national wie international ausgerichtetes Forschungszentrum und widmet sich besonders auch übergreifenden Forschungsfragen. Vorträge, Ausstellungen, Studientage und Symposien dokumentieren die Arbeit des Instituts und sind auch für die Öffentlichkeit zugänglich.

„Von 1933 an gingen mehr als 50 Gebäude entlang der Brienner Straße, Arcisstraße, Gabelsbergerstraße, Barer Straße und Karlstraße sowie angrenzender Straßen in den Besitz der NSDAP über"[11]. Dafür wurden nicht jüdische und jüdische Hausbesitzer enteignet oder mussten ihre Immobilien weit unter Wert verkaufen. An dem Platz, an dem sich heute das Zentralinstitut für Kunst-

---

10 Siehe Einführung.
11 Vgl. Ulrike Grammbitter/Iris Lauterbach: Das Parteizentrum der NSDAP, 2., aktual. Auflage, Berlin/München 2015.

geschichte befindet, stand bis 1933 das Palais des jüdischen Mathematikprofessors und Schwiegervaters von Thomas Mann Alfred Pringsheim. Pringsheim wurde gezwungen, sein Haus an die NSDAP zu verkaufen, die es abreißen ließ. Nach einem Entwurf des Architekten Paul Ludwig Troost wurde an der Stelle der Verwaltungsbau der Partei errichtet. Ebenfalls nach Plänen von Troost entstand nördlich der Brienner Straße der „Führerbau", heute Sitz der Hochschule für Musik und Theater München.

Zusammen mit weiteren Institutionen, allen voran den Museen, den Universitäten und dem NS-Dokumentationszentrum, wurde dieser Teil der Maxvorstadt zum Kunstareal und zu einem Teil Münchens, in dem Geschichtsbewusstsein und Weltoffenheit gepflegt werden.

Katharina-von-Bora-Straße 10, 80333 München
Tel. 089 289-27581
www.zikg.eu/bibliothek

Bibliothek des Bayerischen Nationalmuseums

→ Betrachtet man das Gebäude des Bayerischen Nationalmuseums an der Prinzregentenstraße, scheint es aus verschiedenen Stilepochen zu stammen und dennoch wurde es zwischen 1894 und 1899 von einem einzigen Architekten, Gabriel Seidl[1], geplant und erbaut. Die historisierenden Formen aus dem 16. bis 18. Jahrhundert, die sowohl das Äußere als auch das Innere des Museums prägen, sollten die Herkunft der Exponate wie auch deren unterschiedliche Entstehungszeiten widerspiegeln.[2] Im Jahr 1900 zog das Museum in den Neubau an der Prinzregentenstraße, zuvor war es in der Maximilianstraße 42 untergebracht gewesen, wo sich heute das Museum Fünf Kontinente befindet.

Vom frühen Mittelalter über Renaissance, Barock, Rokoko und Klassizismus bis zum Jugendstil können Besucher die abendländischen Kunstepochen kennenlernen.

Gemälde, Skulpturen, Bildteppiche, Möbel, Waffen, Kunsthandwerk, Porzellan, Elfenbein- und Goldschmiedearbeiten, Musikinstrumente und Spiele sind Zeugen vergangener Jahrhunderte und machen das Museum zu einer der großen kunst- und kulturgeschichtlichen Stätten Europas. Eine Besonderheit ist die weltberühmte Krippensammlung mit Weihnachtsszenen aus Neapel, Sizilien und dem Alpenraum aus der Zeit zwischen 1700 und 1850. Dauerausstellungen, wechselnde Themenausstellungen, Vorträge, Workshops und Konzerte lassen den Museumsbesuch für Jung und Alt zum Erlebnis werden.

Wie in allen Museen steht auch im Bayerischen Nationalmuseum die Bibliothek in enger Verbindung zu den musealen Aufgaben des Hauses. Sie ist eine wissenschaftliche Spezialbibliothek, ergänzt die Museumsbestände und stellt Literatur zu den Themenbereichen Kunst- und Kulturgeschichte Europas vom ausgehenden

---

1 1848–1913, ab 1900 Gabriel von Seidl.
2 Vgl. Winfried Nerdinger (Hrsg.): Architekturführer München, 3. überarb. u. erw. Auflage, Berlin 2007.

Holzregale und offene Treppen bestimmen die Freihandbibliothek

Mittelalter bis ca. 1930, Volkskunde, religiöse Volkskunde und Krippenliteratur, Bayerische Geschichte sowie Skulptur und Kunstgewerbe zur Verfügung. Auch wenn die Sammlung in erster Linie den Museumskuratorinnen und -kuratoren zur Verfügung steht, sind auch Gäste willkommen, die rund 100.000 Bücher und 180 Zeitschriften für Studium, Beruf oder Fortbildung zu nutzen.

Prinzregentenstraße 3, 80538 München
Tel. 089 2112 4-213, -318, -250
www.bayerisches-nationalmuseum.de/index.php?id=68

Bibliothek des Deutschen Theatermuseums

→ Die gebürtige Münchnerin Clara Ziegler,[1] zu ihrer Zeit eine hochgeschätzte königlich bayerische Hofschauspielerin, stiftete ihr beträchtliches, selbst erspieltes Vermögen und ihre eigene Sammlung von Theaterdokumenten für die Gründung eines Museums. So wurde der finanzielle und inhaltliche Grundstock des heutigen Deutschen Theatermuseums geschaffen. Bereits ein halbes Jahr nach ihrem Tod wurde das Museum im Juni 1910 in den Räumen ihrer herrschaftlichen Villa eröffnet. Im Zweiten Weltkrieg wurde das Haus von Bomben getroffen, die wertvolle Sammlung war jedoch überwiegend ausgelagert worden, sodass 90 Prozent vor der Zerstörung bewahrt werden konnten. 1953 zog die Clara-Ziegler-Stiftung mit dem Museum in den nördlichen Arkadentrakt am Münchner Hofgarten, der 1780/81 als „Churfürstliche Galerie" erbaut worden war.

Das Museum sammelt nach eigenem Bekunden „alles, was vom Theater übrigbleibt oder dessen Vorbereitung dient". Geografisch ist die Sammlung nicht nur auf München und Bayern begrenzt, sondern umfasst ganz Deutschland. Rund 250.000 grafische Blätter, 500.000 Autografen und 4,3 Millionen Theaterfotografien gehören dazu sowie eine Sammlung von Programmheften und das Kritikenarchiv. Wertvolle Künstlernachlässe bereichern den Bestand. Darunter sind die Nachlässe so berühmter Persönlichkeiten wie der Schauspielerin Marianne Hoppe, des Mitbegründers der modernen Theaterarchitektur Gottfried Semper und des Regisseurs und Theaterleiters Otto Falckenberg zu finden.

Das Theatermuseum zeigt ausschließlich Wechselausstellungen u.a. zur Geschichte einzelner Theater, zum Theaterbau, zu Künstlerinnen und Künstlern, zu Autoren und zur Entstehung, Aufführungspraxis und Rezeption einzelner Stücke. Übrigens – Theater bedeutet hier nicht nur Sprechtheater, sondern auch Pantomime, Tanztheater, die weite Welt des Musiktheaters mit Oper,

---

1   1844–1909.

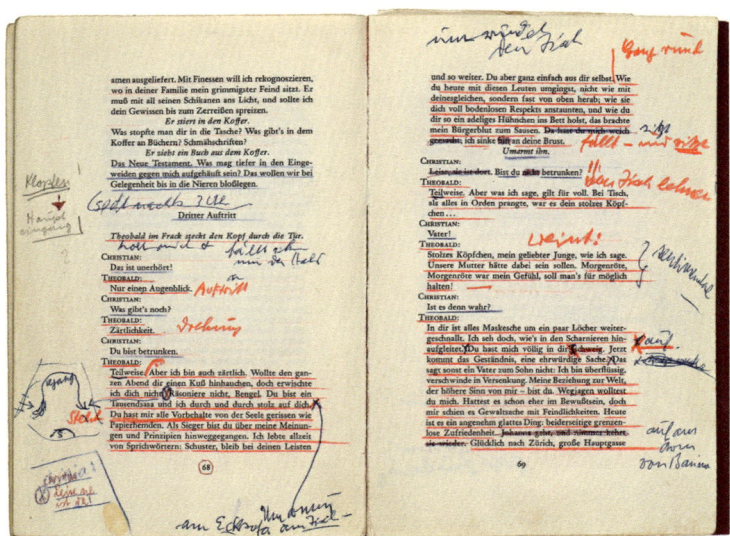

Rollenbuch von Paul Verhoeven zu „Der Snob" von Carl Sternheim. Münchner Kammerspiele, 1969. Neuwied (Luchterhand) 1964, Signatur: B 2692+1

Operette und Musical, aber auch Feste der Kirche und des Adels, Festzüge, Hochzeits- und Beerdigungsfeierlichkeiten, Laienspiele und Stegreifspiele.

Der Inhalt der 120.000 Bände großen Bibliothek entspricht der thematischen Ausrichtung des Museums. Deutschsprachige Stücktexte und internationale Literatur zu jeder Theatersparte gehören genauso dazu wie Bühnenmanuskripte und Theaterzeitschriften. Ihre ältesten Schätze reichen bis in die Zeit der Renaissance.[2] Die umfangreiche Sammlung der Bühnenmanuskripte, oft mit Eintragungen von Schauspielern und Regisseuren, ist einzigartig.

Galeriestraße 4a (Hofgartenarkaden), 80539 München
Tel. 089 210691-13
www.deutschestheatermuseum.de

---

2 Vgl. http://fabian.sub.uni-goettingen.de/fabian?Deutsches_Theatermuseum_(Muenchen).

Bibliothek der Hochschule für Fernsehen und Film München

→ Eine der renommiertesten Filmhochschulen des deutschsprachigen Raums liegt in Münchens Kunstareal[1] in der Maxvorstadt. Den Neubau bezog die 1966 gegründete Hochschule für Fernsehen und Film (HFF) im Jahr 2011. International bekannte und ausgezeichnete Regisseure, Produzenten und Drehbuchautoren haben hier studiert, darunter Maren Ade, Doris Dörrie, Caroline Link, Florian Henckel von Donnersmarck, Marcus H. Rosenmüller, Wim Wenders und Roland Emmerich.

Der Platz vor dem Haupteingang ist nach dem erfolgreichen Produzenten Bernd Eichinger benannt, der ebenfalls hier studierte und im Jahr des Umzugs der Hochschule für Fernsehen und Film überraschend gestorben ist.

Die Hochschule für Fernsehen und Film liegt in direkter Nachbarschaft zum Staatlichen Museum Ägyptischer Kunst. Beide Einrichtungen hat der Architekt Peter Böhm in einem Komplex nebeneinander und doch unabhängig voneinander und mit der gebotenen Eigenständigkeit errichtet.

Die Bibliothek der Hochschule hat sich zu einer deutschland- und europaweit führenden Spezialbibliothek für Film, Fernsehen und Medienwissenschaft entwickelt. Neben rund 80.000 Büchern und 100 laufenden Zeitschriften bietet sie ca. 36.000 DVDs, Blu-Rays und VHS-Kassetten an. Daneben werden internationale Drehbücher, zum Teil im Original, Kino- und Filmprogramme sowie Kataloge verschiedener Festivals gesammelt. Der Erwerb eines filmhistorischen Privatarchivs ergänzte den Bestand um eine umfangreiche Sammlung alter Filmzeitschriften, Filmprogrammreihen und Bücher aus der Zeit zwischen 1920 und 1960. Eine Spezialität ist auch das Pressearchiv, das mehrere Tausend Dossiers zu Personen und Sachthemen bietet.

---

1 Siehe auch S. 131 f.

Man muss nicht zu den Filmschaffenden und potenziellen Preisträgern zählen, um diese reichhaltige Bibliothek benutzen zu können. Als Präsenzbibliothek steht sie allen Interessierten offen.

Bernd-Eichinger-Platz 1, 80333 München
Tel. 089 68957-9107
www.hff-muenchen.de/de_DE/bibliothek

Blick in Lesesaal und Freihandbibliothek

Archiv und Bibliothek des Orff-Zentrums München

→ Mit dem Namen des Komponisten Carl Orff[1] verbinden die meisten wohl seinen Welterfolg, die szenische Kantate „Carmina Burana". Sie entstand unter Verwendung von Texten aus dem 11. und 12. Jahrhundert, die in der Bibliothek des Klosters Benediktbeuern gefunden wurden. Auch Orffs Konzept der musikalischen Erziehung von Kindern, das „Orff-Schulwerk", war von Beginn an international erfolgreich. Aus der Feder des gebürtigen Münchners stammen aber auch Opern wie „Der Mond", „Die Kluge", „Antigone" und „Prometheus" sowie Oster- und Weihnachtsspiele.

Heute noch sind die „Carmina Burana" das am häufigsten aufgeführte Werk Orffs. Nicht nur in Deutschland, sondern auch in Japan, den USA, dem Vereinigten Königreich, Frankreich, Italien und Österreich stehen sie regelmäßig auf den Spielplänen.[2]

Im Orff-Zentrum München – Staatsinstitut für Forschung und Dokumentation widmet man sich der Erforschung von Leben und Werk Carl Orffs, der Dokumentation und Erschließung seines Nachlasses und der Vermittlung von Informationen durch Publikationen und Veranstaltungen. Das Haus in der Nähe des Englischen Gartens, in dem das Orff-Zentrum heute seinen Sitz hat, beherbergte von 1936 bis zur Schließung durch die Nationalsozialisten im Jahr 1944 die „Günther-Schule" für Gymnastik, Rhythmik, Musik und Tanz, die Carl Orff zusammen mit Dorothee Günther gegründet hatte. So schloss sich 1988 bei der Eröffnung des Zentrums der Kreis.

Das Haus mit seinem Veranstaltungssaal und dem schönen Garten eignet sich bestens für Konzerte, Vorträge, Symposien, Filmvorführungen und Ausstellungen.

Im Archiv befinden sich der gesamte dokumentarische und ein großer Teil des künstlerischen Nachlasses von Carl Orff und bilden somit die Basis der Arbeit des Orff-Zentrums. Nur die Originalpar-

---

1   1895–1982.
2   https://de.schott-music.com/shop/autoren/carl-orff.

tituren werden aus konservatorischen Gründen in der nahegelegenen Bayerischen Staatsbibliothek aufbewahrt.

Als Ergänzung bietet die Bibliothek des Orff-Zentrums Sekundärliteratur über den Komponisten und sein Werk. Diese umfasst nicht nur die Publikationen über Orff, auch die gedruckten Notenausgaben seiner Kompositionen und des Schulwerks sind vorhanden. Das künstlerische und pädagogische Schaffen Carl Orffs hat viele Wissensgebiete berührt, die sich im Bestand der Bibliothek widerspiegeln. Lexika zu Kunst, Kultur, Literatur, Musik und Theater sowie ausgewählte Literatur zur Antike, dem Mittelalter und dem 20. Jahrhundert nehmen Bezug auf die Inhalte seiner Kompositionen. Publikationen zu einzelnen Komponisten und zur Musik im „Dritten Reich" ergänzen die Sammlung.

Wer über Carl Orff forscht, ist im Orff-Zentrum an der richtigen Stelle, wer an musikwissenschaftlichen Vorträgen Interesse hat oder gern in Konzerte geht, ebenfalls.

Kaulbachstraße 16, 80539 München
Tel. 089 288105-13
www.ozm.bayern.de/bibliothek/

Von Parish Kostümbibliothek

→ Geboren 1907 in Rom, gestorben 1998 in München – diese Zeitspanne umfasst das Leben der Hermine von Parish, ein Leben, das der Kostümgeschichte und der Mode gewidmet war. Seit 1936 bewohnte sie gemeinsam mit ihrer Mutter eine Jugendstil-Villa mit Garten im noblen Münchner Stadtteil Nymphenburg.

Hermine von Parishs Interesse für Mode und Kostüm lag ihr sozusagen im Blut. Bereits ihr Urgroßvater Rudolf Marggraff,[1] der Professor für Kunstgeschichte und Ästhetik sowie Sekretär an der

---

1 1805–1880. Vgl. Allgemeine Deutsche Biographie, Band 20 (1884), S. 337–338.

Aus der Sammlung der Kostümbibliothek

„Königlichen Akademie der Bildenden Künste in München" gewesen war, hatte handkolorierte Kupferstiche mit Modedarstellungen gesammelt und ihre Mutter brachte von zahleichen Reisen, vor allem nach Frankreich, Kostümbilder mit. Um nach dem frühen Tod des Vaters im Jahr 1916 den Lebensunterhalt zu verdienen, fertigten Mutter und Tochter künstlerische Kostüm- und Trachtenpuppen.

1946 gründeten sie in ihrem weitestgehend von Kriegszerstörungen verschonten Haus die „Parish Schule für freie und angewandte Kunst", deren Leiterin Hermine von Parish war. Sie engagierte bekannte Professoren der „Akademie der Bildenden Künste" für die Studentinnen und Studenten, die eine für damalige Verhältnisse hohe Studiengebühr entrichten mussten.

Die Familienbibliothek in der Villa an der Kemnatenstraße

Die große Leidenschaft der Hermine von Parish war aber ihre Sammlung von Büchern, Zeitschriften, Grafiken und jeglichem Bildmaterial zur Bekleidung und Körpergestaltung des Menschen. Daraus erwuchsen über die Jahrzehnte ein Archiv und eine Bibliothek zur Kostümkunde. Diese umfasst Themenbereiche wie Haute Couture, Modedesigner, Modeschulen und Modeinstitutionen, Konfektion, Textilwirtschaft, Accessoires, Körperkultur, Schönheit und Ästhetik, Berufskleidung, Sportmode, Uniformen, Bühnenkostüme, Streetwear, Jugendkultur und Mode, Musikszene, Mode und Kunst, Geschichte der Modeillustration, Geschichte der Modezeitschrift, Modekarikatur, Modefotografie, Volkstrachten, Völkertrachten, Schnitte, Hausschneiderei, Textilkunde, Handarbeitstechniken, Brauchtum und Etikette.[2] Sie gehört weltweit zu den wenigen wissenschaftlichen Spezialbibliotheken für Kostümgeschichte und ist ein Eldorado für Modedesigner, Studierende der Mode und Kunstgeschichte sowie für Kostümbildner, die am Theater, an der Oper oder bei Film und Fernsehen tätig sind.

---

2   www.muenchner-stadtmuseum.de/sammlungen/modetextilienkostuem/
    vonparish-kostuembibliothek.html.

Ihrer Heimatstadt München vermachte Hermine von Parish 1970 die Villa und die Sammlung. Seither gehören Archiv und Bibliothek zum Münchner Stadtmuseum, sind aber in der denkmalgeschützten Villa verblieben und nach Voranfrage für Recherchen öffentlich zugänglich.

Kemnatenstraße 50, 80639 München
Tel. 089 1777-7
www.muenchner-stadtmuseum.de/sammlungen/mode-/-textilien-/-kostuembibliothek/von-parish-kostuembibliothek

Bibliothek des Bayerischen Rundfunks

→ „Bibliotheken sind geistige Tankstellen" – dieser Ausspruch des ehemaligen Bundeskanzlers Helmut Schmidt findet sich vor dem Eingang zur Bibliothek des Bayerischen Rundfunks (BR). Auch die Demoskopin Elisabeth Noelle-Neumann wird dort mit einem Satz zitiert: „Nur eine Gesellschaft, die liest, ist eine Gesellschaft, die denkt."

Die Bibliothek des Bayerischen Rundfunks gibt es bereits seit Beginn des Hörfunks im Jahr 1923. Sie ist damit die älteste Rundfunkbibliothek in Deutschland. Aus diesen kleinen Anfängen hat sich eine „umfangreiche Schatztruhe des Wissens und der Information"[1] entwickelt, deren Augenmerk sich vor allem auf die Themen Bayern, München, Kulturgeschichte, Brauchtum, Literatur, Geschichte, Politik und Kunst richtet.

Allen ständigen und freien Mitarbeiterinnen und Mitarbeitern des Bayerischen Rundfunks in der Stadt, in den Außenstellen in Freimann und Unterföhring und in den Regionalstudios steht die Sammlung zur Verfügung und bietet einen umfangreichen Service, wie er für zeitgebunden arbeitende Rundfunk- und Fernseh-

---

1 Aus: Archive des Bayerischen Rundfunks (Hrsg.): Bayerischer Rundfunk – Archive. Eine Informationsmappe zusammengestellt anlässlich des Tags der Archive 2010, München 2010.

Eingang zur Bibliothek des BR

anstalten notwendig ist. Dazu gehören unter anderem Recherchen im eigenen Bibliotheksbestand, in Bibliotheks- und Verbundkatalogen, Beratung zu Anfragen aller Art und die Erstellung von Themensammlungen.

Rundfunkplatz 1, 80335 München
Tel. 089 5900-42268
bibliothek@br.de

Dokumentation und Bibliothek des Internationalen Zentralinstituts für das Jugend- und Bildungsfernsehen beim Bayerischen Rundfunk

→ 1965 wurde unter dem Dach des Bayerischen Rundfunks das Internationale Zentralinstitut für das Jugend- und Bildungsfernsehen (IZI) gegründet. Kinderfernsehen, Jugendfernsehen, Bildungsfernsehen – das waren und sind hier die Forschungsschwerpunkte, aber nicht nur diese. Die Medienangebote, die von Kindern und Jugendlichen in Anspruch genommen werden, erstrecken sich heute auch auf Computer, Internet und soziale Medien, werden auf mobilen Endgeräten wie Smartphone, Notebook und Tablet genutzt. Die Forschungsprojekte des Internationalen Zentralinstituts gehen den verschiedensten Fragen nach. Ein paar Beispiele aus der Themenfülle: Welche Emotionen lösen Fernsehinhalte bei Kindern und Jugendlichen aus? Wie sollten altersgerechte Programmangebote für Fernsehanfänger aussehen? Welche Sendungen können zum Lernen beitragen? Wie bringt man Grundschulkindern zeitgeschichtliche Themen nahe? Welche Rolle spielen soziale Medien in Bezug auf das Selbstbild, das Kaufverhalten und die politische Meinungsbildung junger Menschen? Seine Forschungsergebnisse veröffentlicht das Institut in der Zeitschrift „TelevIZIon" und einer Reihe anderer Publikationen.

Das Institut dokumentiert den internationalen Forschungsstand zum Kinder-, Jugend- und Bildungsfernsehen und erschließt ihn detailliert in einer eigenen Abteilung. Quellen sind die Fachliteratur und Informationen jeglicher Art. Auf der für jeden zugänglichen Plattform „IZI-Datenbank.de" finden sich rund 32.000 Einträge.[1] Die Datenbank wird laufend aktualisiert und ist die größte im deutschsprachigen Raum mit internationalen Nachweisen und online abrufbaren Volltexten. Hier findet man Einträge zu Kindermedienschutz, Jugendkultur, Eltern, Schule oder Gewaltdarstellung ebenso wie zu Pumuckl[2] oder der Sesamstraße[3].

Eine wissenschaftliche Spezialbibliothek, die für das Fachpublikum zugänglich ist, ergänzt die Dokumentation und bietet als besonderen Service Literaturrecherchen an.

Seidlstraße 30/6, 80335 München
Rundfunkplatz 1, 80335 München (Postadresse)
Tel. 089 5900-42086
www.izi.de

---

1 Stand: 22.8.2018.
2 Pumuckl, der Kobold aus der BR-Fernsehserie „Meister Eder und sein Pumuckl".
3 Seit 1969 eine Fernsehserie der ARD für Vorschulkinder.

Stiftung Lyrik Kabinett

→ Geht man in der Maxvorstadt durch die Amalienstraße, fällt das Haus aus dem späten Biedermeier kaum auf. Und doch verbirgt sich im Hof des Anwesens, in einem Neubau aus dem Jahr 2005 eine ganz besondere Bibliothek, die sich nur einer einzigen Literaturform widmet – der Lyrik. Epochen- und länderübergreifend stehen rund 62.000 Bücher, Zeitschriften, CDs und DVDs in rund 90 Sprachen in den Regalen, darunter viele Erstausgaben und bibliophile Drucke. Ergänzt wird der Bestand durch eine Sammlung von Künstlerbüchern – im klassischen Sinn als Kunst im Buch, aber auch das Buch als Kunstobjekt findet hier Platz. Nach der National Poetry Library in London besitzt die Stiftung Lyrik Kabinett die zweitgrößte, auf Lyrik spezialisierte Bibliothek Europas.

Das Lyrik Kabinett ist jedoch mehr als eine Bibliothek, es ist Veranstaltungsort mit einer Bühne und einem ganz speziellen, auf

Vortragsraum mit Bühne

Blick in das offene Buchmagazin

das Thema „Gedicht" fokussierten Programm. An etwa 45 Abenden im Jahr präsentieren hier namhafte internationale Autorinnen und Autoren sich und ihre Werke oder es werden Dichterinnen und Dichter früherer Epochen vorgestellt. Fremdsprachige Lesungen werden immer von einer deutschen Übersetzung begleitet.

Im Modellprojekt „Lust auf Lyrik" lernen Schülerinnen und Schüler den kreativen Umgang mit Poesie und schließlich publiziert die Stiftung in verschiedenen Reihen ausgewählte poetische oder poetologische Werke.

Ursula Haeusgen, eine engagierte Liebhaberin der Poesie, gründete 1989 eine Spezialbuchhandlung für Lyrik. Das Unternehmen musste nur wenige Jahre nach der Gründung schließen. Sein Bestand bildete jedoch den Grundstock des Lyrik Kabinetts und diese Stiftung führte schließlich nicht nur zu einer Buchsammlung, sondern auch zu diesem Ort, der Freunden der Poesie ein vielfältiges Angebot bietet.

Amalienstraße 83 a, 80799 München
Tel. 089 34 62 99
www.lyrik-kabinett.de

Shakespeare-Forschungsbibliothek München

→ William Shakespeare wurde am 26. April 1564 in Stratford-upon-Avon in der englischen Grafschaft Warwickshire getauft und starb dort am 23. April 1616.[1] Diese Daten sind historisch belegt.

Vor allem seit der Mitte des 19. Jahrhunderts kamen Gerüchte auf, dass die Shakespeare zugeschriebenen Werke in Wirklichkeit von einem anderen Autor oder von anderen Autoren geschrieben wurden. Nach dem heutigen Stand der Wissenschaft sind diese Annahmen nicht haltbar, wie u.a. die Deutsche Shakespeare-Gesellschaft berichtet.[2] Die Forschung hat gesicherte Erkenntnisse, dass die Autorenschaft William Shakespeares belegt ist und dass einer der berühmtesten englischen Dichter auch tatsächlich gelebt hat. Seine Komödien, Dramen und Tragödien gehören zu den bedeutendsten Werken der Weltliteratur und standen in der Aufführungsstatistik des Deutschen Bühnenvereins von 2017/18 an erster Stelle.

Im Jahr 1964, also 400 Jahre nach Shakespeares Geburt, wurde in München die Shakespeare-Forschungsbibliothek (Munich Shakespeare Library) gegründet. Sie widmet sich ausschließlich William Shakespeare und seinen Zeitgenossen und ist die einzige Einrichtung ihrer Art in Kontinentaleuropa.[3] Die Bibliothek sammelt Literatur von und zu Shakespeare, Schriften über die englische Literatur des 16. und 17. Jahrhunderts, über Theorie und Geschichte des Dramas, über die Deutsche Shakespeare-Rezeption und Shakespeare im Unterricht. Archivalien wie Programmhefte, Szenenfotos, Plakate und über 25.000 Theaterrezensionen ergänzen die Sammlung.

Gäste aus dem In- und Ausland, Wissenschaftlerinnen und Wissenschaftler sowie Studierende nutzen die Bestände der

---

1 Zeitrechnung nach dem julianischen Kalender.
2 www.shakespeare-gesellschaft.de.
3 Geografisch gesehen der Teil Europas, der zur Hauptlandmasse des europäischen Kontinents gehört, also ohne die Britischen Inseln, Irland, Island, Malta und Zypern.

Bibliothek, die organisatorisch zur Ludwig-Maximilians-Universität gehört. Schulklassen der Oberstufen können, sofern sie sich im Unterricht bereits intensiv mit Shakespeare auseinandergesetzt haben, eine Führung durch die Bibliothek buchen.

Deshalb – „Brush up your Shakespeare"[4] – wie es im Musical „Kiss me, Kate" von Cole Porter heißt, dessen Vorlage das Lustspiel „Der Widerspenstigen Zähmung"[5] von William Shakespeare war.

Amalienstraße 83, 80799 München
Tel. 089 2180-3358
www.shakespeare-library.uni-muenchen.de

---

4   In der deutschen Übersetzung: „Schlag nach bei Shakespeare".
5   Originaltitel: The Taming of the Shrew.

Internationale Jugendbibliothek

→ Im Westen von München, im Stadtteil Obermenzing, steht ein Schloss voller Bücher.

Die Anfänge von Schloss Blutenburg, auf einer Halbinsel im Fluss Würm gelegen, reichen bis ins 13. Jahrhundert. Zu Beginn des 15. Jahrhunderts baute es Herzog Albrecht III. von Bayern als Lust- und Jagdschloss aus. Dort verbrachte er – sehr zum Missfallen des Hofs – Zeit mit seiner bürgerlichen Geliebten und späteren Ehefrau Agnes Bernauer. Der Vater Albrechts, Herzog Ernst, ließ Agnes Bernauer in Straubing verhaften, vor Gericht stellen und von der Donaubrücke in den Tod stürzen.[1] 1848 diente das Schlösschen noch Lola Montez, der Geliebten König Ludwigs I., für eine Nacht als Zufluchtsort, bevor sie anderntags über die Grenze Bayerns abgeschoben wurde.

---

1   Vgl.: www.historisches-lexikon-bayerns.de/Lexikon/Ermordung_der_Agnes_Bernauer.

Schloss Blutenburg, Sitz der Internationalen Jugendbibliothek

Heute ist der idyllisch gelegene Bau Sitz der Internationalen Jugendbibliothek (IJB), deren Entstehung eng mit dem Aufbruch nach 1945 verknüpft ist. Gründerin und erste Direktorin war Jella Lepman, eine Journalistin aus Stuttgart, die als Jüdin vor den Nationalsozialisten fliehen musste und in London für die BBC arbeitete. Im Auftrag der Amerikaner entwickelte sie „als Beraterin für die kulturellen und erzieherischen Belange der Frauen und Kinder"[2] im Rahmen des „Reeducation Projects"[3] Konzepte, um die Jugend aus dem geistigen Gefängnis des Nationalsozialismus herauszuführen. Was brauchen Kinder außer Zuwendung, Essen und ein Dach über dem Kopf? Jella Lepman hielt Bücher aus aller Welt für unverzichtbar, um den Horizont der Kinder zu erweitern und ihnen zu

---

2   https://libreas.eu/ausgabe25/05becchi/.
3   Umerziehung.

Studierplätze und Handbibliothek

zeigen, wie man anderswo lebt und denkt. Aus einer Ausstellung mit über einer Million Besucherinnen und Besucher, in der 4.000, von Jella Lepman aus aller Welt zusammengetragene Bücher präsentiert wurden, entwickelte sich ab 1949 die Internationale Jugendbibliothek. Seit 1983 hat sie ihren Sitz im Schloss Blutenburg und die meisten der über 600.000 Medien werden in unterirdischen Magazinen verwahrt. Dennoch sind sie nicht verschwunden. Vielmehr bilden sie den Grundstock für eine Vielzahl von Ausstellungen, für Studienzwecke und Vorträge, dürfen aber auch von Besucherinnen und Besuchern eingesehen werden, die gerne noch einmal die Bücher ihrer Kindheit betrachten wollen. Im Michael-Ende-Museum, im Binette-Schroeder-Kabinett, im Erich-Kästner-Zimmer und im James-Krüss-Turm kann man ihnen begegnen.

Die Internationale Jugendbibliothek widmet sich von Beginn an zwei Aufgabenbereichen: Sie sammelt Kinder- und Jugendlite-

Das Bilderbuchzimmer für die jüngsten Gäste der IJB

ratur in 240 Sprachen aus vier Jahrhunderten und ist zudem die weltweit größte wissenschaftliche Spezialbibliothek zur Kinder- und Jugendliteraturforschung, ein Anziehungspunkt für Wissenschaftlerinnen und Wissenschaftler aus aller Welt.

Kinder und Jugendliche können in ihrer eigenen Kinderbibliothek „KiBi" über 30.000 Bücher in 20 Sprachen ausleihen und Leseclubs, Sprach- und Malkurse und eine Werkstatt für Nachwuchsautorinnen und -autoren besuchen. Ein Paradies gerade für mehrsprachige Familien und ihre Kinder.

Die Internationale Jugendbibliothek ist ein Paradebeispiel für eine moderne Bibliothek, die in einem Haus mit traditionsreicher Geschichte untergebracht ist. Sie verbindet eine Büchersammlung mit Ausstellungen und einem abwechslungsreichen Veranstaltungsprogramm. Alles kommt einem breiten Publikum jeden Alters und jeden Interesses zugute.

Seldweg 15, 81247 München
Tel. 089 891211-0
www.ijb.de

Bibliothek des Deutschen Jugendinstituts e.V.

→ Seit 1949 gab es in München das Deutsche Jugendarchiv und seit 1956 in Bonn das Studienbüro für Jugendfragen. Der Deutsche Bundestag beschloss am 27. April 1961 die Gründung des Deutschen Jugendinstituts (DJI), das beide Vorläufereinrichtungen in sich vereinigte und seine Arbeit zwei Jahre nach der Gründung aufnahm. Heute ist das Deutsche Jugendinstitut eines der größten außeruniversitären sozialwissenschaftlichen Forschungsinstitute Europas. In fünf fachlichen Organisationseinheiten werden die Lebenslagen von Kindern, Jugendlichen und Familien und damit zusammenhängende sozialstaatliche Angebote und Maßnahmen untersucht. Vor diesem Hintergrund setzt das Deutsche Jugendinstitut entscheidende Akzente in der Wissenschaft, berät alle Ebenen der Politik und liefert wichtige Impulse für die Fachpraxis.

Blick in die Bibliothek

Die Bibliothek des DJI ist eine sozialwissenschaftliche Spezialbibliothek. Die Sammelschwerpunkte ergeben sich aus den Aufgaben des Instituts. Der Bestand umfasst rund 100.000 Bände, über 180 laufende Fachzeitschriften und den Zugang zu rund 400 Online-Zeitschriften und anderen Informationsmedien. Als zentrale Serviceeinrichtung steht sie den Mitarbeiterinnen und Mitarbeitern des Instituts zur Verfügung, externe Besucherinnen und Besucher können die Bibliothek vor Ort nutzen.

Nockherstraße 2, 81541 München
Tel. 089 62306-134, -135, -137
www.dji.de/ueber-uns/bib.html

KIRCHEN, ORDENS- UND GLAUBENSGEMEINSCHAFTEN

Bibliotheken des Erzbistums München und Freising

Freising, die rund 40 Kilometer nördlich von München gelegene Große Kreis- und Universitätsstadt, war knapp 1.100 Jahre der geistliche Mittelpunkt des Bistums. Der heilige Korbinian war um das Jahr 720 als Missionar in die Gegend von „Frisinga"[1] gekommen und der heilige Bonifatius errichtete im Jahr 739 die katholischen Bistümer Freising, Salzburg, Regensburg und Passau. Freising wurde Bischofsstadt – 419 Jahre vor der Gründung Münchens im Jahr 1158.

Auf dem Domberg zu Freising, einer knapp 30 Meter hohen Erhebung, steht der Dom St. Maria und St. Korbinian. Am westlichen Rand des Domhofs befindet sich die ehemalige Fürstbischöfliche Residenz, jetzt „Bildungszentrum Kardinal-Döpfner-Haus".[2] In der Nähe steht auch das Gebäude des ehemaligen erzbischöflichen Knabenseminars, in welchem das Diözesanmuseum untergebracht ist, das derzeit umgebaut und renoviert wird.[3]

Als Folge der Säkularisation wurde der Bischofssitz 1821 nach München verlegt, das Bistum zum Erzbistum München und Freising erhoben. Die Kathedralkirche des Erzbischofs wurde der Dom Zu Unserer Lieben Frau im Herzen der Münchner Altstadt, im Volksmund „Frauenkirche" oder schlicht „Der Dom" genannt.

In Freising entstanden Einrichtungen für die Priesterausbildung. In den Gebäuden der säkularisierten Benediktinerabtei Weihenstephan am Rand der Stadt wurde 1803 eine staatliche Forstschule eingerichtet.[4] Heute befindet sich dort das „Wissenschaftszentrum für Ernährung, Landnutzung und Umwelt" der Technischen Universität München.

---

1 Lateinisch für Freising.
2 Julius Kardinal Döpfner, 1913–1976, war von 1961 bis 1976 Erzbischof von München und Freising.
3 Die Wiedereröffnung ist für das Jahr 2022 geplant.
4 www.freising.de/stadtportraet/geschichte-der-stadt-freising.

Lesesaal von Archiv und Bibliothek in der barocken ehemaligen Sakristei des Metropolitankapitels München

Zwei Bibliotheken bilden zusammen die Diözesanbibliothek[5] des Erzbistums – die Dombibliothek Freising und die Bibliothek des Metropolitankapitels München.

Dombibliothek in Freising

→ Die Bestände der Dombibliothek in Freising gehen auf die Zeit des Bistumsgründers Bonifatius zurück. Eine Schreibschule unter

---

5   Diözese ist ein anderer Begriff für Bistum.

Bischof Arbeo trug im 8. Jahrhundert wesentlich zum planmäßigen Bestandsaufbau der Sammlung bei. Die meisten dieser Schätze und die bis 1802/03 gesammelten Handschriften gelangten während der Säkularisation in die Hofbibliothek, heute Bayerische Staatsbibliothek. In den Folgejahren sorgten Bestände aus Klöstern und zahlreiche Schenkungen und Nachlässe aus dem Klerus des Erzbistums für den Wiederaufbau der Sammlung. Darunter waren unter anderem Schriften zu philosophischen, theologischen und historischen Themen, zu Kunst, Kirchenrecht, Sprachwissenschaft, Judaistik, Ornithologie und Botanik. Der Bestand ist inzwischen auf über 320.000 Bände angewachsen und enthält auch wieder 345 Handschriften, 3.215 Musikhandschriften und 222 Inkunabeln.

Domberg 40, 85354 Freising
Tel. 08161-4840-0

Bibliothek des Metropolitankapitels

→ Die Bibliothek des Metropolitankapitels[6] in München musste nach der Gründung des neuen Erzbistums München und Freising im Jahr 1821 erst aufgebaut werden. 1822 bildete die Sammlung des verstorbenen Benefiziaten und Kuraten[7] bei Heilig Geist in München, Johann Evangelist Ruedorffer, mit 2.000 Werken den Grundstock der Bibliothek. Ein Jahr später richtete das Kapitel ein Gesuch an König Max I. Joseph, in dem es um Dubletten aus der königlichen Hofbibliothek bat, und diese auch erhielt. Historiker, Domherren und Dekane vermachten ihre Privatbibliotheken dem Metropolitankapitel.

---

6 Auch Domkapitel, aus zwölf Geistlichen bestehend, die an den feierlichen Gottesdiensten des Erzbischofs zu kirchlichen Hochfesten teilnehmen und als Berater bei der Leitung und Verwaltung der Erzdiözese mitwirken.
7 Benefiziat = ein ehemaliger Amtstitel für einen Kleriker, der seinen Unterhalt aus dem Ertrag einer Pfründe bezog; Kurat = alter kirchenrechtlicher Titel für einen Hilfspriester mit eigenem Seelsorgebezirk; hier der Bezirk, der zur Heilig Geist-Kirche gehört.

Gedrucktes Mirakelbuch des Wallfahrtsortes Maria Dorfen, Freising 1713; Titelkupfer (mit Darstellung des Marien-Gnadenbildes, der Wallfahrtskirche und des Autors) und Titelseite.

Um eine Sammlung zu dokumentieren, zu erschließen und benutzbar zu machen, braucht es Fachleute. Ein solcher war Dompropst Dr. Martin von Deutinger, der 1836 zusätzlich zu seinen geistlichen Ämtern auch noch die Aufgabe des Bibliothekars übertragen bekam. Er konzentrierte sich auf den Aufbau einer wissenschaftlichen Arbeitsbibliothek für das Domkapitel, die neben den theologischen Schriften auch Geschichte und Geografie einbezog. Im Standortkatalog, den er bis zu seinem Tod 1854 führte, waren 17.441 Bände verzeichnet. Dazu erbte die Bibliothek seine private Sammlung von fast 23.000 Bänden. Deutinger hinterließ auch einen Großteil seines Privatvermögens als Bibliotheksstiftung und sicherte damit die weitere Betreuung und Vermehrung des Bestandes. Die Raumnot, die dazu geführt hatte, dass die Bibliothek dezentral aufgestellt werden musste, fand um 1866 mit dem Einzug in ein Gebäude des Ordinariats in der heutigen Pacellistraße ein vorläufiges Ende. Bevor das Ordinariatsgebäude im April 1944 niederbrannte, konnte die Bibliothek noch ausgelagert werden. Es kam dennoch zu Verlusten, aber ein großer Teil der Sammlung konnte gerettet werden. Nach dem Krieg war der Platzmangel wieder das größte Problem, sodass Teile der Sammlung, die den Krieg überstanden hatten, zum Leidwesen aller Verantwortlichen veräußert werden mussten.

Ab 1955 entstand zwar in der Nähe des Promenadenplatzes ein Neubau für das Ordinariat, in den auch die im Krieg schwer beschädigte Karmeliterkirche einbezogen wurde. Dennoch entspannte sich die Raumsituation erst, als das ebenfalls im Haus ansässige Archiv in die ehemalige Kirchengruft ziehen konnte, die bis dahin von einer Weinkellerei genutzt worden war. In der ehemaligen Sakristei der Kirche befindet sich der barocke Lesesaal aus dem Jahr 1709, der 1980 renoviert wurde und mit Stuckaturen und Deckenfresken ausgestattet ist.

In enger Zusammenarbeit mit dem Archiv sammelt die Bibliothek grundlegende Literatur zu allen Fragen des kirchlichen Lebens, vor allem zu Geschichte und aktuellen Ereignissen im Erzbistum, und pflegt das archivwissenschaftliche Schrifttum. Sie steht vor allem Personen mit familiengeschichtlichen, heimatkundlichen, wissenschaftlichen und pädagogischen Anliegen offen.

Karmeliterstraße 1 (Eingang Pacellistraße), 80333 München
Tel. 089 2137-1346
www.erzbistum-muenchen.de/archiv-und-bibliothek

Bibliothek des Herzoglichen Georgianums

→ Man schrieb das Jahr 1494, als Herzog Georg der Reiche von Bayern-Landshut an seiner Landesuniversität Ingolstadt das nach ihm benannte Priesterseminar gründete. Das Herzogliche Georgianum ist das zweitälteste katholische Priesterseminar der Welt. 1800 zog es mit der Universität nach Landshut und 1826 nach München. Auf ausdrücklichen Wunsch König Ludwigs I. bezog es im November 1841 ein Gebäude gegenüber der Universität. Der Architekt war Friedrich von Gärtner. Seinen Bauten begegnet man auf der ganzen Ludwigstraße, angefangen bei der Feldherrnhalle am Odeonsplatz bis zum Siegestor am Ende der Straße. Dazwischen befinden sich das Gebäude der heutigen Staatsbibliothek, die Ludwigskirche und das Hauptgebäude der Ludwig-Maximilians-Universität. Das Herzogliche Georgianum steht deutschen und ausländischen Priesteramtskandidaten und Priestern offen, die von ihrem Bischof zum Studium nach München geschickt werden. Die bislang berühmtesten Studenten des Georgianums waren Pfarrer Sebastian Kneipp, vor allem bekannt durch die Wasseranwendungen der „Kneipp-Kur" und Joseph Ratzinger, der spätere Papst Benedikt XVI.

Die enge Verbindung zur Universität war für die Bibliothek des Georgianums nicht immer von Vorteil. 1776 wurden die Ingolstädter akademischen Bibliotheken mit der Universitätsbibliothek vereinigt, dem Georgianum blieb nur eine einzige Bibel, die im Seminar zur Tischlesung gebraucht wurde.

Wie Dr. Claudius Stein, der aktuelle Pfleger des Archivs und der Sammlungen des Georgianums, in seinem Aufsatz über die Bibliothek[1] berichtet, konnten die heute vorhandenen Bestände erst ab 1792 gesammelt werden und bestanden zumeist aus Dubletten der Universitätsbibliothek und aus Schenkungen.

---

1   Claudius Stein: Die Bibliothek des Herzoglichen Georgianums in München, in: Bibliotheksforum Bayern (2010) 1, S. 43–47.

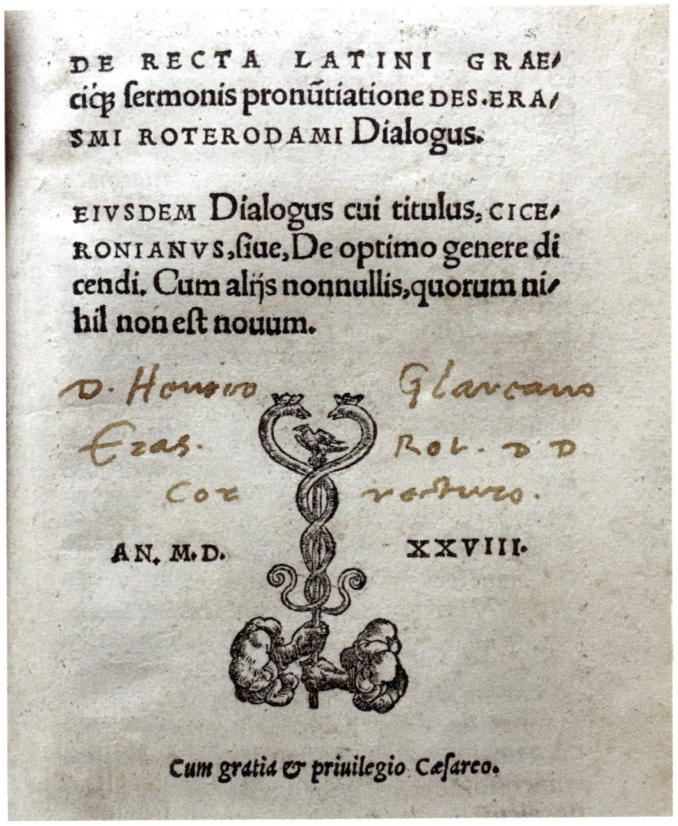

Aus dem Bestand der Bibliothek:
Dialog über die richtige Aussprache der lateinischen und griechischen Rede. Von Erasmus von Rotterdam [aus dem Lateinischen übersetzt]. Mit Widmung von Erasmus von Rotterdam, 1528

Die Bibliothek des Landshuter Jesuitenkollegs, die 1818 in die Bestände des Georgianums aufgenommen wurde, und gezielte Ankäufe ließen die Sammlung weiterwachsen. 1792 standen dafür 40 Gulden zur Verfügung. Die Kaufkraft dieser Summe in Bezug auf die damaligen Buchpreise einzuschätzen, ist schwierig. Leichter tut man sich da in Bayern schon mit dem Bier. Eine Maß Bier kostete im Landkreis Aichach-Friedberg zu dieser Zeit rund vier Kreuzer. Ein Gulden entsprach 60 Kreuzern. Die Summe von

40 Gulden hätte man also in 600 Maß Bier umsetzen können.[2] 1893 standen für den Ankauf von Büchern 2.000 Mark und für 50 bis 60 Zeitschriften 500 Mark zur Verfügung. In der zweiten Hälfte des 19. Jahrhunderts erhielt das Georgianum wertvolle Gelehrtenbibliotheken geschenkt und bis heute sind es vor allem seine Direktoren, die ihm ihre Privatbibliotheken vermachen.

Im Jahr 1942 wurden die Bestände der Bibliothek beinahe zufällig vor den Bomben gerettet. Die Räumlichkeiten des Georgianums sollten für ein Forschungsinstitut genutzt werden. Deshalb musste auch die Bibliothek ausziehen und wurde im Pfarrhof in Allershausen bei Freising in Kisten verpackt gelagert. Zum Einpacken der Bestände in München wurden zehn Häftlinge aus dem Konzentrationslager Dachau zwangsverpflichtet. Wie aus dem Archiv der KZ-Gedenkstätte Dachau berichtet wird, handelte es sich nicht um jüdische Insassen, da zur angegebenen Zeit in Dachau keine Juden inhaftiert waren. Über die Sonderarbeitskommandos gibt es keine weiteren Unterlagen.[3] In den Jahren 1946 und 1947 zog Bücherkiste für Bücherkiste an ihren angestammten Ort in der Ludwigstraße zurück.

1989 umfasste die Bibliothek des Georgianums rund 72.000 Bände, davon 39.036 Bände Altbestand. Eine besondere Bedeutung hat die Sammlung für theologische Forschungen zum 19. Jahrhundert, da der Altbestand zu rund zwei Dritteln dieser Zeit entstammt. Die Verbindung zur Universität ist nie abgerissen. Bis heute sind die Direktoren des Georgianums gleichzeitig die Inhaber des Lehrstuhls für Liturgiewissenschaft an der Ludwig-Maximilians-Universität.

Professor-Huber-Platz 1, 80539 München
Tel. 089 28520-1
www.herzoglichesgeorgianum.de

---

[2] Die Umrechnung beruht auf einer online-Auskunft der BSB.
[3] Antwort auf eine Anfrage an das Archiv der KZ-Gedenkstätte Dachau vom 9. September 2019.

Bibliothek der Hochschule für Philosophie München

→ Ignatius von Loyola, 1491 im spanischen Baskenland geboren und einem alten Rittergeschlecht entstammend, wandte sich nach einer schweren Verletzung seines rechten Beins dem religiösen Leben zu. Nach einem Jahr Einsiedlertum und einer Wallfahrt ins Heilige Land lernte er in Spanien Latein und studierte in Paris Philosophie. Ignatius und sechs Studienfreunde legten am 15. April 1539 das Fundament für einen neuen Orden, dem sie den Namen „Gesellschaft Jesu" gaben. Die päpstliche Bestätigung erfolgte am 27. September 1540. Die „Societas Jesu" (SJ) mit ihrem ersten gewählten Generaloberen Ignatius war gegründet. Am 31. Juli 1556 starb Ignatius. Zu diesem Zeitpunkt hatte der Orden weltweit bereits mehr als tausend Mitglieder. Im Jahr 1622 wurde Ignatius von Loyola heiliggesprochen[1].

Unter den vielen namhaften Jesuiten befinden sich zwei Persönlichkeiten, deren Namen in München und Bayern einen besonderen Klang haben – Pater Rupert Mayer und Pater Alfred Delp.

Der Priester Rupert Mayer,[2] der 1900 in Feldkirch in Vorarlberg dem Jesuitenorden beigetreten war, wurde im Ersten Weltkrieg schwer verwundet, als er einen Soldaten vor dem Beschuss retten wollte. Sehr früh erkannte er die Gefahr, die von den Nationalsozialisten ausging. Nach der Machtübernahme trat er entschieden für die Rechte der Kirche und die Religionsfreiheit ein. Im April 1937 erhielt er zum ersten Mal Redeverbot, befolgte es nicht, wurde verhaftet und wegen „Kanzelmissbrauchs" verurteilt. Nach einer zweiten Verurteilung im Januar 1938 hielt er sich an das Predigtverbot, weigerte sich jedoch, Auskunft über seine Seelsorgegespräche zu geben. Nach der dritten Verhaftung kam er am 3. November 1939 in das Konzentrationslager Sachsenhausen. Wegen seines schlechten Gesundheitszustandes wurde er 1940

---

1 www.jesuiten.org/wer-wir-sind/von-der-gruendung-bis-heute/ordensgruendung.
2 1876–1945.

schließlich im Kloster Ettal interniert. Er starb an Allerheiligen 1945 während der Morgenmesse in der Kreuzkapelle der Münchner Jesuitenkirche St. Michael und wurde schließlich in der Unterkirche des Münchner Bürgersaals[3] bestattet. 1987 sprach ihn Papst Johannes Paul II. selig.[4]

Alfred Delp[5] wuchs im Spannungsfeld einer gemischtkonfessionellen Familie auf. Er wurde katholisch getauft, protestantisch erzogen, nach der Volksschule konfirmiert und empfing im selben Jahr auch die katholischen Sakramente Erstkommunion und Firmung. Nach dem Abitur trat er 1926 der „Societas Jesu" bei. Er arbeitete für die Zeitschrift „Stimmen der Zeit", bis dieser 1941 die Druckerlaubnis entzogen wurde, und war Seelsorger in der Pfarrei Heilig Blut im Münchner Stadtteil Bogenhausen.[6] Delp arbeitete auf Anregung seines Provinzialoberen im „Kreisauer Kreis" um Helmuth James Graf von Moltke mit. Nach dem gescheiterten Attentat vom 20. Juli 1944 auf Adolf Hitler wurde auch er verhaftet, obwohl er an den Umsturzplänen, die dem Anschlag vorhergingen, nicht beteiligt gewesen war. Sein Engagement im „Kreisauer Kreis", sein Wirken als Jesuitenpater und seine christlich-soziale Weltanschauung genügten, um ihn des Hoch- und Landesverrats anzuklagen und zum Tod zu verurteilen.

Der Jesuitenorden unterhält weltweit rund 200 Universitäten und Hochschulen. Die Vorgängerinstitution der Hochschule für Philosophie München wurde 1925 in Pullach im Isartal[7] gegründet und trug den Namen „Berchmanskolleg" nach dem Jesuiten und Heiligen Jan Berchmans, dem Patron der studierenden Jugend. 1971 wurde die Hochschule für Philosophie München als Nachfolgerin in der Kaulbachstraße eröffnet. Die zentrale Lage zwischen dem Englischen Garten, der Bayerischen Staatsbibliothek und den

---

3 Kirche der Marianischen Männerkongregation „Mariä Verkündigung", der Pater Rupert Mayer als Präses von 1921 bis 1945 vorstand.
4 www.heiligenlexikon.de/BiographienR/Rupert_Mayer.html.
5 1907–1945, Hinrichtung am 2. Februar 1945 in Berlin-Plötzensee.
6 S.a. www.dhm.de/lemo/biografie/alfred-delp.
7 Rund zwölf Kilometer südlich von München gelegen.

Lesesaal und Handbibliothek

Universitäten schafft eine ideale Umgebung für Studium und Erholung.[8]

Jesuiten schreiben hinter ihrem Nachnamen das Kürzel „SJ" – eine Aussage über ihre Ordenszugehörigkeit zur „Societas Jesu". Der Volksmund löst das Kürzel anders auf – „SJ" bedeutet hier „Schlaue Jungs", ein Hinweis auf die große Anzahl akademisch gebildeter Jesuiten, denen die Bildung der Jugend bis heute ein großes Anliegen ist und an deren Hochschule Menschen ungeachtet ihrer Religionszugehörigkeit studieren können.[9]

Die Hochschulbibliothek mit einem Bestand von rund 220.000 Bänden sammelt vor allem Schriften zur Philosophie und Theologie. Dazu kommen auch die Sozialwissenschaften mit den Themenbereichen Globalisierung und Entwicklungspolitik sowie „Jesuitica", wie die Veröffentlichungen zur Geschichte der Jesuiten und ihres Ordens genannt werden. Der OPAC weist allein für die Jesuitica über 21.500 Titel nach.

---

8   www.hfph.de/hochschule/portraet/geschichte.
9   Vgl. https://de.wikipedia.org/wiki/Hochschule_f%C3%BCr_Philosophie_M%C3%BCnchen.

Als Benutzerinnen und Benutzer der Bibliothek werden neben den Lehrenden und ordentlichen Studierenden auch Gasthörerinnen und Gasthörer zugelassen. Externe können das Angebot der Bibliothek im hellen, einladenden Lesesaal der Hochschulbibliothek nutzen.

Kaulbachstraße 31/33, 80539 München
Tel. 089 2386-2346
www.hfph.de/forschung/wissenschaftliche-einrichtungen/bibliothek

Die Bibliotheken der Katholischen Stiftungshochschule München

→ Im Stadtteil Haidhausen, der von den Bomben des Zweiten Weltkriegs einigermaßen verschont blieb und deshalb heute noch viel alte Bausubstanz zeigen kann, liegt der Campus München der Katholischen Stiftungshochschule (KSH) mit den Fakultäten „Soziale Arbeit" sowie „Gesundheit und Pflege".

Haidhausen wurde 808 erstmals als Dorf unter dem Namen „heidhusir" erwähnt, was so viel wie „Häuser auf der Heide" bedeutete. Im Mittelalter lebten Handwerker, Arbeiter und Tagelöhner in den „Herbergshäusern", die teilweise heute noch im restaurierten Zustand zu sehen sind.[1]

Neben der Katholischen Stiftungshochschule befinden sich auf dem Campus noch eine Fachoberschule und ein Mädchengymnasium in kirchlicher Trägerschaft, außerdem das Erzbischöfliche Jugendamt und die Katholische Hochschulgemeinde. Im Zentrum des Geländes steht die Jugend- und Campuskirche „Vom Guten Hirten".

„Studieren, wo andere Urlaub machen" – diesen Satz hören die Studentinnen und Studenten auf dem Campus Benediktbeuern

---

1   Die Gründung Münchens erfolgte 350 Jahre später im Jahr 1158, die Eingemeindung Haidhausens am 1. Oktober 1854, www.muenchen.de/stadtteile/haidhausen.html.

der Katholischen Stiftungshochschule sicher oft. Benediktbeuern liegt knapp 60 Kilometer von München entfernt im bayerischen Oberland. Die 1.801 Meter hohe Benediktenwand ist nicht das einzige Ausflugsziel in der malerischen Gegend. Der Campus ist Teil eines denkmalgeschützten Klosters, das vor mehr als tausend Jahren von Benediktinern gegründet wurde. Die Fakultät „Soziale Arbeit" mit den Studiengängen „Soziale Arbeit" und „Religionspädagogik" ist dort zu Hause.

Beide Standorte besitzen Bibliotheken. Die Bestände werden in einem gemeinsamen digitalen Katalog zusammengefasst, in dem man auch nach Zweigstellen getrennt suchen kann. Die Versorgung der Hochschulangehörigen mit Literatur und Informationen zu den angewandten Sozial-, Bildungs- und Gesundheitswissenschaften, zu Religionspädagogik und Praktischer Theologie steht im Vordergrund. Dennoch stehen beide Bibliotheken auch externen Berufspraktikern und Interessierten offen.

Campus München
Preysingstraße 83, 81667 München
Tel. 089 48092- 8264

Campus Benediktbeuern
Don-Bosco-Str. 5, 83671 Benediktbeuern
Tel. 08857 88-542

www.ksh-muenchen.de/hochschule/zentrale-einrichtungen-dienste/bibliotheken/

Die Bibliothek des Franziskanerklosters St. Anna

→ Ab der zweiten Hälfte des 13. Jahrhunderts befand sich auf dem heutigen Max-Joseph-Platz das Franziskanerkloster. 1802 musste es während der Säkularisation dem Bau des Königlichen Hoftheaters, heute Nationaltheater, weichen. Viele wertvolle Handschriften und Drucke aus dem Kloster wurden in dieser Zeit der Bayeri-

Die Bibliothek des Franziskanerklosters St. Anna

Die „Franciscana" im Buchmagazin

schen Staatsbibliothek übergeben, wo sie noch heute aufbewahrt werden. Die Mönche mussten in ein „Aussterbekloster" in Ingolstadt ziehen.

Die Wende trat 1827 ein, als König Ludwig I. von Bayern die Franziskaner zurück nach München holte und ihnen einen aufgelassenen Klosterbau im Lehel[1] in der Sankt-Anna-Straße überließ. Zu ihm gehört auch die gleichnamige Klosterkirche im Stil des Rokokos. Kloster, Klosterkirche und die im neoromanischen Stil nach Plänen Gabriel von Seidls[2] erbaute Pfarrkirche Sankt Anna bilden zusammen mit den umgebenden Wohnhäusern und kleinen Geschäften das lebendige Zentrum eines der schönsten Stadtteile

---

1   Abgeleitet von „lohe", lichter Wald, als älteste Vorstadt Münchens 1727 in den Burgfrieden der Stadt aufgenommen, www.muenchen.de/stadtteile/lehel.html.
2   1848-1913, Architekt, Vertreter des Historismus, erbaute in München u.a. die Villa Franz von Lenbachs und das Bayerische Nationalmuseum.

Münchens. Das Kloster ist seit 2010 Sitz des Provinzialats[3] der Deutschen Franziskanerprovinz.

Nach der Rückkehr der Brüder nach München musste die Bibliothek ab 1827 neu aufgebaut werden. Den Grundstock bildete damals die Klosterbibliothek aus Ingolstadt.

Schwere Verluste erlitt die Sammlung während des Zweiten Weltkriegs in der Bombennacht des 25. April 1944. Lediglich 25.000 Bände konnten nach Bad Tölz ausgelagert werden, 60.000 weitere und der soeben fertiggestellte Katalog verbrannten in München. Wieder standen die Brüder am Anfang.

In München gibt es in der Altstadt eine kleine Straße, die nach Hermann Sack (1380–1440), dem Chronisten am Franziskanerkloster benannt wurde. Im Online-Katalog der Klosterbibliothek ist eine Besonderheit der Sammlung verzeichnet: das reich mit farbigen Miniaturen illustrierte „Totenbuch der Franziskaner in München", das von Hermann Sack um 1424 begonnen wurde und zu den Kostbarkeiten, den „Zimelien" der Bibliothek zählt. Im Toten- oder Stifterbuch werden die Todestage der Franziskanermönche sowie der Freunde und Wohltäter des Ordens festgehalten. An diesen Tagen wird an diese Personen besonders gedacht und für sie gebetet.

Die Bibliothek ist heute mit 110.000 Bänden wieder die bedeutendste des Ordens. Thematischer Kern ist die franziskanische Geschichte. Vor allem diese „Franciscana", die sich unter den ausgelagerten und damit geretteten Bänden befanden, werden laufend ergänzt. Allgemeine theologische Werke und „Bavarica" komplettieren den Bestand. Die Bibliothek steht nach Anmeldung auch Besuchern offen.

Sankt-Anna-Straße 19, 80538 München
Tel. 089 21126-135
https://franziskaner.net/werke/provinzbibliothek/

---

3   Die Leitung einer Ordensprovinz.

Stiftsbibliothek St. Bonifaz

→ König Ludwig I. gründete 1835 das Benediktinerkloster St. Bonifaz, das 1850 feierlich eingeweiht wurde. Der Baumeister war Georg Friedrich Ziebland. Dem König war daran gelegen, die Tradition des geistlichen Lebens zu fördern, nachdem viele Klöster zu Beginn des Jahrhunderts der Säkularisation zum Opfer gefallen waren.

Die Abtei St. Bonifaz ist ein Stadtkloster, das keine landwirtschaftlichen Flächen bietet. Zur materiellen Versorgung kaufte Ludwig I. daher das 1803 säkularisierte Kloster Andechs mit seinen Ländereien. Beide Klöster bilden seither eine Gemeinschaft. Die Klosterbrauerei in Andechs als größter Wirtschaftsbetrieb finanziert das wissenschaftliche, kulturelle und soziale Engagement der Abtei in München.

Die Pflege der Wissenschaft war ein großes Anliegen Ludwigs I. In der über 250.000 Bände starken Stiftsbibliothek bilden Theologie, historische Wissenschaften und geisteswissenschaftliche Literatur die Schwerpunkte der Sammlung. Dazu gehören Kirchengeschichte und monastische Geschichte, Exegese, Patrologie, Liturgiewissenschaft, Regula-Benedicti-Forschung, Philosophie, Bavarica und Kunst.[1]

Während des Zweiten Weltkriegs erlitt die Stiftsbibliothek der Benediktiner dasselbe Schicksal wie ein Jahr später die Bibliothek der Franziskaner im Lehel. Nur 25.000 der damals 130.000 Bände umfassenden Bibliothek konnten durch Auslagerung in die Mälzerei nach Andechs in Sicherheit gebracht werden. Der in München verbliebene Hauptbestand wurde in der Nacht auf den 10. März 1943, Aschermittwoch, durch Brandbomben zerstört. Nur wenige

---

1 Monastisch = mönchisch; Exegese = Erklärung und Auslegung eines Textes, besonders der Bibel; Patrologie = Studium des Lebens, der Schriften und Lehren der Kirchenväter; Liturgiewissenschaft = das Verstehen und Gestalten von Gottesdiensten und den dabei verwendeten Texten, Zeremonien und Gegenständen; Regula Benedicti = Ordensregel der Benediktiner, erlassen vom Ordensgründer, dem heiligen Benedikt von Nursia.

In der Stiftsbibliothek Sankt Bonifaz

Bücher wurden gerettet. Zusammen mit Dubletten aus anderen Abteien bildeten sie den Grundstock für den Wiederaufbau der Sammlung. Der alte Katalog, der den Krieg ebenfalls überstanden hat, ist der einzige Nachweis über den Bestand vor der Zerstörung. Fleiß und fachlicher Kennerschaft ist es zu verdanken, wenn derart dezimierte Bibliotheken zu neuer Größe wachsen können. Nach dem Abschluss der Generalsanierung des Konvents, der für Ende 2020 geplant ist, werden auch wieder Arbeitsplätze für externe Besucherinnen und Besucher zur Verfügung stehen.

Und wer des Studierens müde ist, kann einen Ausflug nach Andechs unternehmen, wo die Wallfahrtskirche mit ihrer reichen Rokoko-Ausstattung einen Besuch wert ist und danach Andechser Bier und eine stärkende Brotzeit locken.

Karlstraße 34, 80333 München
Tel. 089 55171-170
www.sankt-bonifaz.de/abtei/bibliothek/

Katholische, evangelische und ökumenische Büchereien

Im Erzbistum München und Freising gibt es 200 katholische öffentliche Büchereien, 27 davon in München.[1] Sie werden entweder allein von den Pfarreien oder im Zusammenwirken mit den Kommunen getragen. Ansprechpartner für alle bibliothekarischen Fragen, für Organisation, Bestandsaufbau und Weiterbildung ist der Sankt Michaelsbund, der neben der Fachberatung auch einen Verlag und eine Buchhandlung unterhält.

Die Münchner Büchereien verteilen sich auf 19 Stadtviertel von Schwabing im Norden bis Solln im Süden, von Lochhausen im Westen bis Trudering im Osten. Stellvertretend für alle, soll hier die Pfarrbücherei St. Anna im Lehel porträtiert werden.

Bücherei der St.-Anna-Kirche

→ Im Herzen des Lehels, das zusammen mit der Altstadt den 1. Stadtbezirk Münchens bildet, befindet sich der St.-Anna-Platz mit der gleichnamigen Kirche. Die heilige Anna und ihr Mann Joachim sind die Eltern der Gottesmutter Maria und damit die Großeltern Jesu.[2] Berühmt geworden ist das Gemälde Albrecht Dürers aus dem Jahr 1519, das die heilige Anna zusammen mit ihrer Tochter, der Gottesmutter Maria und dem Jesuskind auf dem Arm zeigt („Heilige Anna selbdritt").[3] Auch in der neoromanischen St.-Anna-Kirche gibt es in der Apsis eine Darstellung der Heiligen zusammen mit der Heiligen Dreifaltigkeit, Maria und den Aposteln. Es stammt von dem Maler, Restaurator und Kunstgewerbler Rudolf von Seitz, der die Ausmalung der Apsis 1897 vollendete. Das Bild gehört zu seinen Hauptwerken.[4]

---

1 www.st-michaelsbund-muenchen.de/buechereien-im-erzbistum-muenchen-und-freising/mitgliedsbuechereien/ (abgerufen am 30.10.2019).
2 Vgl. www.heiligenlexikon.de/BiographienJ/Joachim.html.
3 Metropolitan Museum of Art; selbdritt = zu dritt.
4 www.deutsche-biographie.de/gnd117473138.html#ndbcontent.

St. Anna mit Eingang zur Pfarrbücherei

Die kürzlich renovierte Bücherei auf der Südseite der Pfarrkirche ist für Leserinnen und Leser jeden Alters geöffnet und hat Belletristik, Sachbücher und Hörbücher im Angebot. Eine wichtige Aufgabe der Bücherei ist es auch, Treffpunkt für die Bewohner des Viertels zu sein. Man kann dies zu den Öffnungszeiten erleben, wenn die Besucherinnen und Besucher sich die Klinke in die Hand geben.

Seit März 2020 nutzt auch die Französischsprachige Katholische Gemeinde München die Bücherei. Daher gibt es nun auch einen Bestand an französischer Literatur.

St.-Anna-Platz 5
Tel. 089 21021717 (Bücherei zu den Öffnungszeiten)
Tel. 089 2121820 (Pfarrbüro)
www.erzbistum-muenchen.de/pfarrei/st-anna-muenchen/cont/64344

Zur Evangelisch-Lutherischen Kirche in Bayern gehören rund hundert Büchereien, die sich zu einer Landesarbeitsgemeinschaft zusammengeschlossen haben. Auch sie stehen Menschen jeden Alters offen, egal ob sie nun konfessionell gebunden sind oder nicht. Die Büchereien versorgen ihre Besucherinnen und Besucher mit Medien aller Art zur Unterhaltung und Freizeitgestaltung, aber auch zu Lebens- und Glaubensfragen. Sie sind wichtige Orte der Begegnung und tragen mit verschiedenen Veranstaltungen zur kulturellen Bildung und zur Leseförderung bei. In München gibt es drei kirchliche evangelische Büchereien, zwei davon sind ökumenische Einrichtungen. Im Folgenden werden je eine rein evangelische und eine ökumenische Einrichtung vorgestellt.

Bücherei der Kreuzkirche
→ Drei Kirchenbauten, errichtet 1933, 1947 und 1950 waren die Vorläufer der heutigen Kreuzkirche. Als 1944 die erste Kirche bei einem Bombenangriff abbrannte, konnte zwei Jahre später in einer gespendeten Militärbaracke aus der Schweiz wieder Gottesdienst gehalten werden. Im April 1950 wurde dann die dritte Notkirche geweiht, die zum Teil aus Kriegstrümmern einer angrenzenden Turnhalle bestand.

Erst 1968 entstand der heutige Kreuzkirchenbau, der nach Plänen des Münchner Kirchenbauarchitekten Theodor Steinhauser errichtet wurde. Dem Zeitgeist gemäß ordnete Steinhauser die Kirchenbänke um den Altar und verwendete klar und einfach wirkende Materialien wie Beton, Holzpflaster und Backstein. Im Fokus stehen der Altar und der Taufstein aus Sichtbeton sowie ein silbernes Kreuz.

Bereits der erste Pfarrer der 1933 neu gegründeten Kreuzkirche, Heinrich Hauck, schrieb zur Wahl des Kirchennamens: „Vor allem soll durch den Namen Kreuzkirche daran erinnert werden, dass für den Glauben, den wir vertreten und verkünden, das Kreuz im Mittelpunkt steht."[5]

---

5 www.kreuzkirche-muenchen.de/kultur-und-soziales/#buecherei.

Gemeindebücherei der Kreuzkirche München-Schwabing

Auch die Bücherei der Kreuzkirche steht nicht nur Gemeindemitgliedern offen, sondern allen, die gerne lesen und in Büchern schmökern möchten. Kinderbücher und Romane, Hörbücher und Biografien, Bücher aus den Sachgebieten Geschichte und Politik, Religion und Reise – ein Besuch lohnt sich in jedem Fall, die Ausleihe ist kostenlos.

Hiltenspergerstraße 55, 80796 München
Tel. 089 3000790
www.kreuzkirche-muenchen.de/kultur-und-soziales/#buecherei

Ökumenische Bücherei Vaterunserkirche/ St. Thomas
→ Ein Beispiel ökumenischen Miteinanders praktizieren die evangelische Vaterunserkirche und der katholische Pfarrverband St. Thomas und St. Lorenz. Es gibt gemeinsame Gottesdienste, zum Beispiel an Silvester, in der Gebetswoche zur Einheit der Christen und am Schulanfang. Ein ökumenischer Seniorenkreis trifft sich abwechselnd in einer der Kirchen. Die beiden Gemeinden und ihre Seelsorger stehen in regelmäßigem Kontakt miteinander und planen gemeinsame Veranstaltungen. Auch die Ausgabestelle der Münchner Tafel vor der Vaterunserkirche wird zusammen verantwortet.

Der Kirchenbau von St. Thomas entstand zu Beginn der 1970er Jahre und ist dem Apostel Thomas geweiht. Berühmt wurde dieser vor allem durch seinen Zweifel an der Auferstehung Jesu. Erst durch die Berührung der Wunden konnte er an den Herrn und Gott glauben.

Dem „Vaterunser", einem Teil der Bergpredigt, die eine Sammlung zentraler Worte Jesu bildet, ist die Vaterunserkirche geweiht. Das Gebet ist für die gesamte Christenheit von entscheidender Bedeutung.

Die Ökumenische Öffentliche Bücherei ist eine der größten bayernweit, über 50 Jahre alt und befindet sich in den Räumen der Vaterunserkirche. Die Sammlung bietet nicht nur Bücher, Hörbücher, Zeitschriften, Spiele und DVDs für Kinder, Jugendliche und Erwachsene zur kostenlosen Ausleihe, sondern ist auch ein beliebter Treffpunkt für alle. Auf dem Programm stehen verschiedene Veranstaltungen wie Büchereifeste und Autorenlesungen. Zwei Grundschulen und mehrere benachbarte Kindergärten werden regelmäßig mit Medien versorgt und erhalten so eine kontinuierliche Leseförderung. Auch behinderte Menschen, die nicht in die Bücherei kommen können, werden vom Büchereihausdienst mit Lektüre beliefert.

Vaterunserkirche
Fritz-Meyer-Weg 11, 81925 München
Tel. 089 95760014
www.vaterunserkirche.de/buecherei

Bibliothek des Landeskirchenamts der Evangelischen Landeskirche von Bayern

→ Die Wurzeln der heutigen Evangelisch-Lutherischen Kirche in Bayern liegen in den fränkischen und schwäbischen Territorien und Reichsstädten des Heiligen Römischen Reichs. Bedeutende Stätten der Reformation waren Augsburg, Nürnberg und Memmingen. 1530 legten in der schwäbischen Stadt Augsburg die protestantisch gewordenen Reichsstände das „Augsburger Bekenntnis" ab und die Stadt Nürnberg mit ihrem Bürgertum wurde Vorreiterin des neuen Glaubens.[1] 1532 trat die „Brandenburg-Nürnbergische Kirchenordnung" in Kraft, erstes Zeugnis eines eigenständigen fränkischen Luthertums. Auch die fränkischen Markgrafentümer Ansbach und Kulmbach-Bayreuth waren Zentren des neuen Glaubens.

Mit dem „Augsburger Religionsfrieden" von 1555 und dem darin enthaltenen Grundsatz „Cuius regio, eius religio"[2] begann für die evangelischen Christen im katholischen Kurfürstentum Bayern eine Zeit der Verfolgung und Vertreibung.

Erst 1801 durfte sich in München der Weinwirt Johann Balthasar Michel, ein „Nicht-Katholik", niederlassen und wurde auf Druck des Herzogs und Kurfürsten Maximilian IV. Joseph in die Bürgerschaft aufgenommen. Ab 1803 garantierte das „Bayerische Religionsedikt" konfessionelle Gleichberechtigung und Religionsfreiheit und es durften sich evangelische Gemeinden bilden.

Ein großer Schritt wurde im Jahr 1808 vollzogen, als alle protestantischen Gemeinden des Königreichs Bayern zu einer Kirche vereinigt wurden. Dabei fungierte der katholische König als „Summus episcopus", als oberster Bischof der evangelischen Christen in Bayern. Diese Funktion bezog sich sowohl auf die äußere Aufsicht über das evangelische Kirchenwesen als auch auf innere Kirchenangelegenheiten.

Im Jahr 1809 wurde die „Konsistorialordnung" erlassen. Zum ersten Mal hatte die Kirche mit dem „Generalkonsistorium" ein zentrales Leitungsorgan, dessen Befugnisse jedoch durch die königliche Aufsicht beschränkt waren. Nach dem Ende der Monarchie 1918 übernahm diese Aufsicht die Bayerische Staatsregierung. Aus dem „Generalkonsistorium" ging 1920 der „Landeskirchenrat" hervor. Erst die Kirchenverfassung von 1971 unterschied zwischen dem kirchenleitenden „Landeskirchenrat" und der Be-

---

1 www.bayern-evangelisch.de/wir-ueber-uns/geschichte.php.
2 Der Landesherr bestimmt die Religion seiner Untertanen.

hörde „Landeskirchenamt".[3] Im Jahr 1933 führte die Landessynode der Evangelischen Kirche für ihren höchsten klerikalen Leiter die Amtsbezeichnung „Landesbischof" ein.

Katharina von Bora, die Ehefrau Martin Luthers, ist seit 2010 Namensgeberin der Straße, an der das Landeskirchenamt der Evangelischen Landeskirche von Bayern seinen Sitz hat. Das Gebäude in der Münchner Maxvorstadt wurde 1928/29 von den Architekten Oswald Eduard Bieber und Karl Stöhr im Stil eines italianisierenden Palazzo errichtet. Das Landeskirchenamt ist die oberste Dienstbehörde der Evangelisch-Lutherischen Kirche in Bayern. Seine Aufgaben liegen in den Bereichen Kirchenrecht, Bildung, Finanzen, Seelsorge, Ökumene und Personal.[4]

Auch die Bibliothek des Landeskirchenamts befindet sich seit 1929 in dem Gebäude an der Katharina-von-Bora-Straße. Rund 65.000 Bücher, dazu Zeitschriften und Loseblatt-Gesetzessammlungen stehen dort zur Verfügung. Der große theologische und juristische Altbestand sowie alte Zeitschriftenreihen stammen aus den Vorläuferbibliotheken. Obwohl die Informationsversorgung der Mitarbeiterinnen und Mitarbeiter des Landeskirchenamts Vorrang hat, steht die Sammlung auch externen Interessenten offen. Die Bestände können u.a. im „Virtuellen Katalog Theologie und Kirche" (VThK) recherchiert werden. Dieser Metakatalog enthält rund acht Millionen Einträge (davon etwa eine Million Aufsätze) aus wissenschaftlichen Bibliotheken in kirchlicher Trägerschaft sowie aus theologischen Spezialsammlungen in staatlichen Bibliotheken. Verzeichnet sind Bestände aus allen Gebieten der katholischen und der evangelischen Theologie, einschließlich verwandter Fächer und angrenzender Disziplinen.

Katharina-von-Bora-Straße 7-13, 80333 München
Tel. 089 5595247
www.bayern-evangelisch.de/wir-ueber-uns/landeskirchenamt.php
www.vthk.de/vthk_bila.php

---

3 Vgl. www.historisches-lexikon-bayerns.de/Lexikon/Evangelische_Kirche_(19./20._Jahrhundert).
4 www.bayern-evangelisch.de/wir-ueber-uns/landeskirchenamt.php.

Bibliothek der Israelitischen Kultusgemeinde München und Oberbayern

→ Am St.-Jakobs-Platz haben neben dem Jüdischen Museum München die Ohel-Jakob-Synagoge und die Israelitische Kultusgemeinde ihren Sitz. Die Geschichte der Juden in München ist lang. Bereits kurz nach der Stadtgründung im Jahr 1158 siedelten sich auch Juden in der Stadt an. Knapp acht Jahrhunderte später, in den letzten Kriegsjahren des Zweiten Weltkriegs, hörte die jüdische Gemeinde Münchens auf zu existieren. Nach den Gräueltaten, die im „Dritten Reich" an den Juden begangen wurden, gehört es zu den erstaunlichen Tatsachen Münchner und bayerischer Geschichte, dass die Gemeinde bereits im Juli 1945 wiedergegründet wurde. Im März 1946 zählte sie schon rund 2.800 Mitglieder, welche die Stadt nicht nur als Durchgangsstation nach Palästina oder andere Länder nutzten, sondern hier ansässig wurden.[1]

Die Bibliothek führt die Standardwerke zu jüdischer und deutsch-jüdischer Geschichte und Kultur. Religiöse Schriften sind ebenso vorhanden wie Lexika, Literatur zur Israelkunde und eine Auswahl an Kinder- und Jugendbüchern. Einen weiteren Schwerpunkt bilden die Klassiker jüdischer Literatur. Dazu gehören Schriftsteller wie Flavius Josephus, einer der wichtigsten Autoren des hellenistischen Judentums, der 37 n.Chr. in Jerusalem geboren wurde und um 100 n.Chr. in Rom starb. Auch Isaac Bashevis Singer (1902–1991) zählt dazu, der als bislang einziger jiddischsprachiger Schriftsteller 1978 den Literaturnobelpreis erhalten hat,[2] genauso wie der israelische Schriftsteller und Friedenspreisträger des Deutschen Buchhandels Amos Oz (1939–2018) und die Schriftstellerin und Illustratorin Judith Kerr (1923–2019).

Kleinere Bestände gibt es in jiddischer, hebräischer, polnischer, russischer und englischer Sprache. Besonders von russi-

---

1 www.ikg-m.de/gemeinde/organe-2/3/.
2 www.deutschlandfunk.de/isaac-bashevis-singer-jarmy-und-keila-selbstauspluenderung.700.de.html?dram:article_id=448717.

schen Besucherinnen und Besuchern werden verschiedene Zeitungen, die nicht nur in Deutsch, sondern auch in Russisch angeboten werden, geschätzt. Gäste werden gebeten, sich vorab telefonisch anzumelden.

St.-Jakobs-Platz 18, 80331 München
Tel. 089 202400-475
www.ikg-m.de/kulturzentrum/bibliothek

Leseraum des Jüdischen Museums München

→ Am St.-Jakobs-Platz im Herzen von München wurde 2006 die neu erbaute Ohel-Jakob-Synagoge eröffnet. Das Gemeindezentrum der Israelitischen Kultusgemeinde und das Jüdische Museum München schließen sich dem freistehenden Sakralbau an. In unmittelbarer Nähe befinden sich das Münchner Stadtmuseum, das

Der Leseraum

Provinzialat[1] der Armen Schulschwestern von Unserer Lieben Frau mit Kindergarten und Schulen und der Viktualienmarkt – jüdisches Gemeindeleben und Kultur, Museen, katholisches Kloster und Markt der kulinarischen Vielfalt befinden sich in guter Nachbarschaft zueinander.

Das Jüdische Museum München bietet nicht nur sehenswerte Ausstellungen, sondern auch einen Leseraum mit einer reichhaltigen Handbibliothek. Schwerpunkte sind die jüdische Geschichte Münchens einschließlich der Biografien und Autobiografien Münchner Jüdinnen und Juden sowie die jüdische Geschichte Bayerns. Verschiedene Enzyklopädien wie die „Encyclopaedia Judaica", das „Lexikon zur Geschichte des jüdischen Volkes" und die „Germania Judaica" geben einen Überblick über die deutsch-jüdische Geschichte von 1600 bis 1945. Religiöse Schriften wie die Tora, der Talmud oder Gebetbücher machen ebenfalls einen wichtigen Teil der Sammlung aus. Von besonderer Bedeutung sind die mehr als 50 Gedenkbücher. Sie enthalten die Namen der Opfer der Schoah aus Deutschland, Frankreich, Italien, Österreich und der heutigen Tschechischen Republik.

Das Jüdische Museum München – ein Ort der Erinnerung, der Begegnung, der Information und Bildung. Die Dauerausstellung „Stimmen Orte Zeiten", Wechselausstellungen, Führungen und Workshops ermöglichen Besucherinnen und Besuchern aller Altersstufen einen Einblick in die jüdische Geschichte, in die Grundlagen, den Alltag und die Traditionen des Judentums. Im Leseraum, der jedem offensteht, kann das Gesehene und Gehörte vertieft werden.

St.-Jakobs-Platz 16, 80331 München
Tel. 089 23396096
www.juedisches-museum-muenchen.de

---

1   Die Leitung einer Ordensprovinz.

Bibliothek des Klosters des heiligen Hiob von Počaev

→ In der Nähe des Schlosses Blutenburg in Obermenzing liegt hinter Bäumen fast versteckt das Kloster des heiligen Hiob von Počaev[1] der russischen orthodoxen Kirche im Ausland. Es wurde 1946 gegründet, als sich die Mönche in München niederließen. Zuvor waren sie in der Ostslowakei ansässig, mussten aber am Kriegsende vor der Roten Armee fliehen.

Das Geburtsjahr des heiligen Hiob wird auf 1550 geschätzt, er wurde in Galizien, der jetzigen Westukraine geboren und starb 1650 in der Kleinstadt Počaev, die vor allem für das Mariä-Entschlafens-Kloster bekannt ist, das zweitgrößte der Ukraine und einer der bedeutendsten Wallfahrtsorte. Hiob wirkte dort ab 1604 als Klosterabt und wurde kurz nach seinem Tod heiliggesprochen.

In der Klosterbibliothek

1 Auch: Potschajiw.

Die kleine Klosterbibliothek, die für die Öffentlichkeit zugänglich ist, besitzt überwiegend russische theologische und historische Literatur sowie Fachliteratur zur Orthodoxie und Slawistik in verschiedenen Sprachen. Außer Deutsch und Russisch findet sich auch Serbisch, Griechisch, Französisch und Italienisch. Eine Arbeitsgruppe kümmert sich um die elektronische Erfassung der Bestände.

Im Kloster befinden sich auch das Diözesan-Archiv der Berliner Diözese des orthodoxen Bischofs von Berlin und Deutschland, die seit etwa 1920 besteht, das Archiv der deutschen Diözese der Russischen Orthodoxen Kirche im Ausland sowie ein Archiv fast aller im 20. Jahrhundert in der russischen Emigration in Deutschland herausgegebenen Diözesan- und Kirchenzeitschriften.

Darüber hinaus sind alle Druckerzeugnisse, die seit 1946 in der klostereigenen Druckerei verlegt wurden, zugänglich.

Hofbauernstraße 26, 81247 München
Tel. 089 20319085
www.hiobmon.org

BIBLIOTHEKEN FÜR MENSCHEN MIT BEHINDERUNG

Bayerische Hörbücherei für Blinde, Seh- und Lesebeeinträchtigte e.V.

→ Sechs Punkte, die in zwei senkrechten Reihen zu je drei Punkten nebeneinander angeordnet und so ertastbar sind, bilden die Grundform der Brailleschrift. Mit ihrer Hilfe bekamen blinde Menschen erstmals die Möglichkeit, sich auch schriftlich auszudrücken. Für die meisten blinden Menschen bedeutete diese Schrift den Zugang zu Bildung und Ausbildung.[1] Erfinder war Louis Braille,[2] ein französischer Blindenlehrer, der im Alter von fünf Jahren nach einem Unfall sein Sehvermögen verloren hatte.

Dennoch – Krimis, Liebesromane, Kochbücher, Kinder- und Jugendbücher, Satire, Humor, viele Sachbücher bis zu den Klassikern der Weltliteratur sind in Braille-Schrift nicht immer leicht zu lesen oder zu handhaben. Da springt die Bayerische Hörbücherei mit ihrem Angebot für über 70.000 Betroffene in Bayern ein. Sie bietet Hörbücher zur Ausleihe an, die von professionellen Sprecherinnen und Sprechern auf Tonträger eingelesen wurden. Die Ausleihe ist kostenlos. Selbstverständlich ist die Webseite barrierefrei.

Lothstraße 62, 80335 München
Tel. 089 1215510
www.bbh-ev.org

---

1   Deutscher Blinden- und Sehbehindertenverband e.V.: www.dbsv.org/.
2   Geboren am 4. Januar 1809 in Coupvray, Île-de-France, gestorben am 6. Januar 1852 in Paris.

Bibliothek der Stiftung Pfennigparade

→ Bildung, Arbeit, Wohnen und Gesundheit – das sind seit über 65 Jahren die Schwerpunkte der Stiftung Pfennigparade für Menschen mit Körperbehinderung.

Seit dem Ende des Zweiten Weltkriegs erkrankten viele Deutsche an Poliomyelitis,[3] deren Bekämpfung sich die 1952 gegründete Stiftung Pfennigparade widmete. „Jeder Pfennig zählt" hieß es damals im Spendenaufruf und so kam der Pfennig in den Namen.

Heute betreibt die Stiftung Kindergärten, Schulen, ambulante und stationäre Wohneinrichtungen, ein Mehrgenerationenhaus, Pflegedienste, Werkstätten und eine Integrationsfirma. Sie wurde

---

3   Poliomyelitis = Polio = Kinderlähmung.

Barrierefreier Zugang zur Handbibliothek

damit zu einem der größten Rehabilitationszentren in Deutschland für Menschen mit unterschiedlichsten körperlichen Behinderungen.

Das angeschlossene Kulturforum hat für Erwachsene Lesungen, Kabarett- und Musikabende im Angebot.

Zur Einrichtung gehört auch eine öffentliche Bibliothek, die für Kinder und Erwachsene Bücher, Zeitschriften, CDs, Spiele und DVDs bereithält. Darüber hinaus gibt es für Kinder ein eigenes Programm mit kreativer Leseförderung, Bücherrallyes, Lese- und Spielnachmittagen sowie Vorlesewettbewerben. Die Bibliothek als Begegnungs-, Bildungs- und Unterhaltungsort für Jung und Alt – ein modernes und besucherorientiertes Angebot!

Barlachstraße 36 c, 80804 München
Tel. 089 8393-4317
www.pfennigparade.de/freizeit-kultur/bibliothek

ANHANG

Glossar

Amtsblatt
enthält amtliche Bekanntmachungen und Mitteilungen von kommunalen oder staatlichen Dienststellen, wird selbstständig oder als Beilage einer Zeitung herausgegeben.

An-Institut
Bezeichnung für rechtlich selbstständige Einrichtungen an deutschen Hochschulen

Ausleihbibliothek
Der Bestand der Bibliothek kann (überwiegend) nach Hause ausgeliehen werden.
Gegenteil: Präsenzbibliothek

Dauerleihgabe
ein Teil oder eine ganze Bibliothek, die auf Dauer an eine andere Bibliothek verliehen wird, die dann auch für die Verwaltung des Bestandes zuständig ist. Dies wird im Rahmen eines Leihvertrags geregelt.

Dublette
Doppelexemplar (identisches Exemplar) eines Werks

Drucksache
Dokumente wie Gesetzentwürfe, Beschlussempfehlungen, Anfragen oder Anträge z.B. des Bundestags, Bundesrats oder der Landtage

Elektronische Ressourcen[1]
alle maschinenlesbaren Quellen unabhängig vom enthaltenen Datenmaterial (Programme, Dateien, Datenbanken etc.). Dabei wird unterschieden zwischen elektronischen Ressourcen auf Datenträgern wie Datenbanken, Programme, Dateien u. ä. auf:

---

1   www.hebis.de/de/1publikationen/arbeitsmaterialien/hebis-handbuch/kat-hb/er.pdf.

CD, CD-ROM, DVD, DVD-ROM, usw.
Elektronische Ressourcen im Fernzugriff wie Datenbanken, Programme, Dateien etc., die über Computernetze wie das Internet oder von speziellen Hosts über Datenfernzugriff angeboten werden.

Exlibris
ein ins Buch eingeklebter Zettel oder eingedruckter Stempel, oftmals kunstvoll gestaltet, der den Eigentümer des Buchs benennt

Freihandaufstellung
Nutzerinnen und Nutzer können die gewünschten Medien selbst am Regal finden, die Aufstellung erfolgt in der Regel thematisch.

Frühdrucke
auch Postinkunabeln genannt, ab dem 1. Januar 1501 bis 1520, manchmal auch bis 1550 gedruckte Schriften

Hoheitliche Aufgaben
Tätigkeiten, die ein öffentliches Gemeinwesen (Staat, Gemeinde oder sonst. Körperschaft) kraft öffentlichen Rechts zu erfüllen hat[2]

Inkunabel/n
auch Wiegendruck/e genannt. Umfasst alle bis zum 31. Dezember 1500 mit beweglichen Lettern gedruckten Bücher und Einblattdrucke.

Letter
Buchstabe, Drucktype

Magazinaufstellung
Die Medien befinden sich in geschlossenen Magazinen, die nur für das Bibliothekspersonal zugänglich sind.

Medien
Sammelbegriff für alle in der Bibliothek befindlichen Werke, ob in gedruckter oder elektronischer Form, ob Bücher, Zeitschriften, audiovisuelle Medien, CD-ROMs u.a.m.

---

2   www.justiz.nrw.de/BS/recht_a_z/H/Hoheitliche_Aufgaben/index.php.

Metakatalog
ein Katalog, der den Bestand von mehr als einer Bibliothek verzeichnet oder eine Metasuche in verschiedenen Bibliothekskatalogen ermöglicht.

Monografie
einbändiges Werk

OPAC
Abkürzung für Online Public Access Catalog, elektronischer, für die Öffentlichkeit zugänglicher Bibliothekskatalog, im Internet aufrufbar

Open Access
der freie Zugang zu wissenschaftlicher Literatur und anderen Materialien im Internet. Ein wissenschaftliches Open Access-Dokument kann kostenfrei genutzt werden, z.B. im Internet gelesen, verlinkt, ein Download erstellt, gespeichert oder ausgedruckt werden.

Periodikum/Periodika
regelmäßig erscheinende Veröffentlichungen wie Zeitungen, Zeitschriften oder Jahresberichte

Postinkunabeln s. Frühdrucke

Präsenzbibliothek
Der Bestand kann nur in den Räumen der Bibliothek benutzt werden.

Primärliteratur s. bei Quellenedition

Printmedien
auch Druckerzeugnisse, Sammelbegriff für alle auf Papier gedruckten Medien. In Bibliotheken versteht man darunter meistens Zeitungen, Zeitschriften und Bücher.

Quellenedition / Quellenwerk
Quellen sind in der Geschichtswissenschaft beispielsweise Chroniken, Urkunden, Verträge, Memoiren oder Briefe, welche als Grundlage für die Forschungsarbeit dienen. Quellen in der Literaturwissenschaft sind meist Werke der Belletristik, zum Beispiel ein Roman, eine Erzählung oder ein Gedicht. Diese Werke werden auch „Primärliteratur" genannt. Zur „Sekundärliteratur" zählen dann die wissenschaftlichen Abhandlungen über diese Quellen.

Rara
seltene Bücher

Säkularisation
1802/03 Enteignung geistlicher Besitztümer zugunsten des Staates, auch im Kurfürstentum Bayern

Schlagwörter
Sachbegriffe, geografische Begriffe oder Namen, die den Inhalt des Mediums beschreiben

Sekundärliteratur s. bei Quellenedition

Signatur
individuell für jedes Medium vergebenes Ordnungselement aus Zahlen und/oder Buchstaben, das der Wiederauffindung des Mediums am Regal dient

Sonderdruck
selbstständig veröffentlichter Einzeldruck eines Aufsatzes aus einer Zeitschrift oder einem Sammelwerk

Standortkatalog
Verzeichnis, geordnet nach Signaturen, die zur Wiederauffindung der Medien am Regal dienen

Literatur und Quellen

Allgemein
Bayerisches Staatsministerium für Bildung und Kultus, Wissenschaft und Kunst: Bayerischer Bibliotheksplan, München 2016.
Bibliotheksverbund Bayern, Bayerische Staatsbibliothek (Hrsg.): Bibliotheksforum Bayern, Redaktionsleitung Peter Schnitzlein, URL: www.bibliotheksforumbayern.de/index.php?id=25.
Ceynowa, Klaus: Research Library Reloaded? Überlegungen zur Zukunft der geisteswissenschaftlichen Forschungsbibliothek, in: Zeitschrift für Bibliothekswesen und Bibliographie 65 (2018), 1, S. 3–7.
Ders.: Was zählt und was stört – Zukunftsperspektiven der Bibliothek: Zwischenrufe eines Erfahrungsübersättigten, in: Bonte, Achim/Rehnolt, Juliane (Hrsg.): Kooperative Informationsinfrastrukturen als Chance und Herausforderung, Berlin 2018, S. 53–69.
Dünninger, Eberhard (Hrsg.): Handbuch der historischen Buchbestände in Deutschland, Band 10: Bayern, München u.a. 1996, S. 253 ff.
Gantert, Klaus: Bibliothekarisches Grundwissen, 9. vollst. neu bearb. u. erw. Auflage, Berlin 2016.
Handbuch der Bibliotheken Deutschland Österreich Schweiz, Berlin 2010.
Handbuch der historischen Buchbestände in Deutschland, digitalisiert von Günter Kükenshöner, hrsg. von Bernhard Fabian, Hildesheim 2003.
Jahrbuch der Deutschen Bibliotheken 67 (2017/2018), Wiesbaden 2017.
Jochum, Uwe: Kleine Bibliotheksgeschichte, 4. Auflage, Stuttgart 2007.
Lovenberg, Felicitas von: Gebrauchsanweisung fürs Lesen. 3. Auflage, München 2018.
Nerdinger, Winfried (Hrsg.): Architekturführer München, 3. überarb. u. erw. Auflage, Berlin 2007.
Neumann, Hermann: Die Münchner Residenz, 3. Aufl., München 2012.
Seefeldt, Jürgen/Syré, Ludger: Portale zu Vergangenheit und Zukunft. Bibliotheken in Deutschland, 5. überarb. u. erw. Auflage, Hildesheim 2017.
Stadt Mainz (Hrsg.): Gutenberg aventur und kunst. Vom Geheimunternehmen zur ersten Medienrevolution. Ausstellungskatalog, Mainz 2000.
Venzke, Andreas: Gutenberg und das Geheimnis der Schwarzen Kunst, 3. Auflage, Würzburg 2017.
Zeitschrift für Bibliothekswesen und Bibliographie (ZfBB), hrsg. von Klaus Ceynowa, Frank Scholze und Barbara Schneider-Kempf, URL: http://zfbb.thulb.uni-jena.de/receive/jportal_jpjournal_00000014.

ADAC
Das Alte im Schatten des Neuen. ADAC nutzt die Sander-Villa für Bibliothek und Archiv, in: Münchner Wochenanzeiger, 6. August 2012.

Bayerische Akademie der Wissenschaften
Jahn, Cornelia: Bayerische Staatsbibliothek und Bayerische Akademie

der Wissenschaften, in: Willoweit, Dietmar u.a. (Hrsg.): Wissenswelten. Die Bayerische Akademie der Wissenschaften und die wissenschaftlichen Sammlungen Bayerns, München 2009, S. 156–166.

Willoweit, Dietmar u.a. (Hrsg.): Wissenswelten. Die Bayerische Akademie der Wissenschaften und die wissenschaftlichen Sammlungen Bayerns. Ausstellungen zum 250-jährigen Jubiläum der Bayerischen Akademie der Wissenschaften, München 2009.

Bayerische Staatsbibliothek
Chronik, URL: www.bsb-muenchen. de/ueber-uns/portraet/chronik/
Digitale Sammlungen, URL: www.digitale-sammlungen.de.
Griebel, Rolf/Ceynowa, Klaus (Hrsg.): Information, Innovation, Inspiration. 450 Jahre Bayerische Staatsbibliothek, München 2008.
Lehmann, Klaus-Dieter: Rede zur Ehrung der Bayerischen Staatsbibliothek als Bibliothek des Jahres 2008, URL: www.goethe.de/de/uun/prs/int/pra/alt/4379132.html.
Schnitzlein, Peter: 15 Millionen Bilder für die Ewigkeit. Der STERN schenkt der Bayerischen Staatsbibliothek sein Fotoarchiv, in: Bibliotheksforum Bayern (2019) 2, S. 102–105.
Sommer, Dorothea: Mit Laptop und Lederhose in die Neue Plaza, in: Bibliotheksmagazin 14 (2019), 2, S. 19–22.

Bayerischer Landtag
Nadler, Markus: 200 Jahre Archiv und Bibliothek des Bayerischen Landtags, URL: www.bayern. landtag.de/dokumente/landtagsarchiv/200-jahre-archiv-und-bibliothek/.

Nadler, Markus: Maximilianeum in München – sieben Jahrzehnte Sitz des bayerischen Parlaments, in: Zeitschrift für bayerische Landesgeschichte 81 (2018), 1, S. 223–240.

Bayerisches Hauptstaatsarchiv
Bayerische Archivinventare, URL: www.gda.bayern.de/publikationen/bayerische-archivinventare/.

Bayerisches Landesamt für Denkmalpflege
Publikationen, URL: www.blfd. bayern.de/denkmalerfassung/publikationswesen/publikationen/index.php.

Bundesfinanzhof
Publikationen, URL: www.bundesfinanzhof.de/service/publikationen.

Deutscher Alpenverein
Grundner, Hubert: Der Bücherberg am Ufer der Isar, in: Süddeutsche Zeitung, 20./21. April 2013, Nr. 92.
Strittmatter, Klaus: Einhundert Jahre Bibliothek des Deutschen Alpenvereins 9.10.2002 im Haus des Alpinismus in München. Festansprache zur Geschichte der Bibliothek, in: Jahrbuch des Vereins zum Schutz der Bergwelt (München) 68./69. (2003/04), S. 265–271.

Deutsches Museum
Hilz, Helmut (Hrsg.): Die Bibliothek des Deutschen Museums, München 2017.
Kraus, Elisabeth: Repräsentation – Renommee – Rekrutierung. Mäzenatentum für das Deutsche Museum, München 2013.

Deutsches Patent- und Markenamt
Vom Kaiserreich ins Digitalzeitalter. 140 Jahre Deutsches Patent- und Markenamt 1877–2017, URL: www.dpma.de/docs/dpma/veroeffentlichungen/140jahredpma.pdf.

Deutsches Theatermuseum
Deutsches Theatermuseum. Entdecken, was dahinter steckt, München 2010.

Hanns-Seidel-Stiftung
Höpfinger, Renate (Red.): Im Dienst von Demokratie, Frieden und Entwicklung. 40 Jahre Hanns-Seidel-Stiftung 1967–2007, München 2007.

Hochschule für Fernsehen und Film
Slansky, Peter C.: Filmhochschulen in Deutschland. Geschichte, Typologie, Architektur, München 2011.

Hochschule für Philosophie München
Oswald, Julius: Die Bibliothek der Hochschule für Philosophie München – Philosophische Fakultät S.J., in: Bibliotheksforum Bayern (1990) 2, S. 214–219.

Internationale Jugendbibliothek
Dr. Christiane Raabe, Direktorin Internationale Jugendbibliothek im Gespräch mit Karin Wendlinger, alpha Forum, Sendung vom 10. Oktober 2013, 21 Uhr.

Lepman, Jella: Die Kinderbuchbrücke, Frankfurt am Main 1964, Sonderauflage für den Verein Internationale Jugendbibliothek e.V., München 1999.

Jüdisches Museum
Tillian-Fink, Lisa-Maria: Ein Schritt in die Bibliothek des Jüdischen Museums München, in: Bibliotheksforum Bayern (2016) 1, S. 46–49.

Kirchliche und Ordensbibliotheken, Priesterseminar
Höhn, Bernardin: Die Bibliothek der Franziskaner in München St. Anna, in: Bibliotheksforum Bayern (1990) 2, S. 206–213.
Kreuzkirche Schwabing, URL: www.albert-lempp.de/albert-lemppsaal/kreuzkirche-schwabing/.
P. Hermann Sack, in: Der Familienforscher in Bayern, Franken und Schwaben, 1 (1954),19, S. 294.
Schneider, Barbara: Wie Bücher der kulturellen Ödnis vorbeugen, URL: www.sonntagsblatt.de/artikel/bayern/wie-buecher-der-kulturellen-oednis-vorbeugen.
Stein, Claudius: Die Bibliothek des Herzoglichen Georgianums in München, in: Bibliotheksforum Bayern (2010) 1, S. 43–47.
Weitlauff, Manfred/Stein, Claudius (Hrsg.): Das Herzogliche Georgianum in München. Themenheft der Münchener Theologischen Zeitschrift 61 (2010), 4.

Münchner Stadtbibliothek
Acht Gründe, warum Bibliotheken so beliebt sind, URL: https://blog.muenchnerstadtbibliothek.de/8-grunde-warum-bibs-so-beliebt-sind/.
Gibt es in der Juristischen Bibliothek Eulenstaub?, URL: https://blog.muenchnerstadtbibliothek.de/faq-folge-10/.
Kuller, Christiane/Schreiber, Maximilian: Das Hildebrandhaus.

Eine Münchner Künstlervilla und ihre Bewohner in der Zeit des Nationalsozialismus, München 2006.
Münchner Stadtbibliothek, URL: https://www.literaturportal-bayern.de/institutionenlexikon.
Schütz, Sylvia: Monacensia im Hildebrandhaus – Das literarische Gedächtnis der Stadt München strahlt im neuen Glanz, in: Bibliotheksforum Bayern (2018) 1, S. 24–29.

NS-Dokumentationszentrum
Grammbitter, Ulrike/Lauterbach, Iris: Das Parteizentrum der NSDAP in München, 2. aktual. Auflage, Berlin 2015.
Nerdinger, Winfried (Hrsg.): NS-Dokumentationszentrum München. Lern- und Erinnerungsort zur Geschichte des Nationalsozialismus, München 2015.

Orff-Zentrum
Rösch, Thomas (Hrsg.): 25 Jahre Orff-Zentrum München, Staatsinstitut für Forschung und Dokumentation, München 2015.

Staatliche Graphische Sammlung
Bibliothek, in: Semff, Michael/Zeitler, Kurt (Hrsg.): Künstler zeichnen – Sammler stiften, 250 Jahre Staatliche Graphische Sammlung München. Band 3, Ostfildern 2008, S. 51–57.

Stadtarchiv München
Schwarzenau, Meinolf: Die Vereinsbibliothek – eine Schatzkammer der Gelehrsamkeit, in: Oberbayerisches Archiv 136 (2012), S. 73–99.
Stadtarchiv München (Hrsg.): Münchner Originale. Fotografien aus der Sammlung Karl Valentin im Stadtarchiv München. Mit Texten von Karl Stankiewitz, München 2019.
Stadtarchiv München (Hrsg.): Tätigkeitsbericht 2017/2018. München 2020.

Stiftung Lyrik Kabinett
Pils, Holger: Stiftung Lyrik Kabinett München, in: Kultur lebendig (2018) 1, S. 4–7.

Stiftung Pfennigparade
Obst, Helmut: Rundum inklusiv und barrierefrei, in: Bibliotheksforum Bayern, (2019) 3, S. 178–181.

Technische Universität München
Mehr als ein Märchenkönig. Interview zur Ausstellungseröffnung von „Königsschlösser und Fabriken", URL: www.tum.de/die-tum/aktuelles/jubilaeumsjahr/artikel/article/34957/.
Pabst, Martin/Fuchs, Margot: Technische Universität München. Die Geschichte eines Wissenschaftsunternehmens, Band 1–2, Berlin 2006.
Polytechnische Schule zu München, URL: www.150.tum.de/geschichte/polytechnische-schule-zu-muenchen/.
Werner, Horst: Im Banne des Stammplatzes. Die Hauptbibliothek auf dem Weg von der Saalbibliothek zur Zentrale eines hybriden Drei-Städte-Systems, München 2012, URL: https://mediatum.ub.tum.de/615843?show_id=1436131.

Zentralinstitut für Kunstgeschichte

Hoyer, Rüdiger: Die Bibliothek des Zentralinstituts für Kunstgeschichte in München, in: Bibliotheksforum Bayern (2003) 1, S. 26–70.

Lersch, Thomas: Bibliothek des Zentralinstituts für Kunstgeschichte, URL: http://fabian.sub.uni-goettingen.de/fabian?Zentralinstitut_Fuer_Kunstgeschichte.

Zoologische Staatssammlung

Diller, Juliane: Die Bibliothek der Zoologischen Staatssammlung München: Archiv des Schrifttums über die Tierwelt der Erde – eine der größten zoologischen Spezialbibliotheken Europas, in: Bibliotheksforum Bayern (2006) 1/2, S. 26–40.

Die Zoologische Staatssammlung. Ein Forschungsinstitut von internationaler Bedeutung, in: Obermenzinger Bilder, Jubiläumsausgabe Nr. 50 (2007), S. 26–50.

Bildnachweis

Abtei Sankt Bonifaz: 180
ADAC: 71, 72
Amerikahaus München (2015): 126
Bayerische Akademie der Wissenschaften/J. Amendt: 53, 56
Bayerischer Rundfunk: 152
Bayerisches Hauptstaatsarchiv: 91, 92,
Bayerisches Hauptstaatsarchiv/Elisabeth Miletic: 94
Bayerisches Landesamt für Denkmalpflege/Eberhard Lantz: 103
Bayerisches Nationalmuseum München: 54, 142
Bayerische Staatsbibliothek München: 11, 26, 29, 30 (H.-R. Schulz), 16, 20 (Michael McKee)
Bildarchiv des Bayerischen Landtags: 82
Birgit Widmann: 122
Botanische Staatssammlung München: 67
Brigitte Steinert: 125, 135, 161, 182
Bundesfinanzhof/Daniel Schvarcz: 77
Bundeswehr/Ink: 42, 43
Deutsches Museum München: 58 (Archiv, CD 72910), 59 (Archiv, CD_L_7029_04)
Deutscher Alpenverein/Birgit Breun: 75
Deutsches Patent- und Markenamt: 79
Deutsches Theatermuseum München: 144
Erzdiözese München und Freising: 165, 167
Evangelisch-Lutherische Kreuzkirche München-Schwabing: 184
Franziskanerkloster St. Anna: 177
Hanns-Seidel Stiftung/Kienast: 84
Haus des Deutschen Ostens: 120
Herzogliches Georgianum: 170
Hochschule für Fernsehen und Film München/Robert Pupeter: 146
Hochschule für Philosophie München/Alescha Birkenholz: 174
ifo Institut: 86
Institut für Zeitgeschichte München-Berlin: 111
Internationale Jugendbibliothek: 159, 160 (Junko Yokota)
Jüdisches Museum München/Franz Kimmel: 189
Kloster des Heiligen Hiob von Počaev: 191
Museum Fünf Kontinente: 115
Münchner Stadtbibliothek: 46 (Andrea Born), 47 (Michael Nagy), 48 (Eva Jünger)
Münchner Stadtmuseum: 149, 150
NS-Dokumentationszentrum München/Conolly Weber: 113
Sandra Sommerkamp: 61
Staatliche Münzsammlung München/Nicolai Kästner: 105
Stadtarchiv München und Bibliothek des Historischen Vereins von Oberbayern: 101
Stiftung Pfennigparade/Helmut Obst: 195
Universitätsbibliothek der LMU München: 31, 32, 34, 35
Wikipedia: 14 (Willi Heidelbach), 23 (Appaloosa), 40 (D. Fuchsberger), 49 (Fentriss), 62 (Henning Schlottmann), 98 (O DM), 130 (Javier Carro), 158 (International Youth Library)
TU München: 37 (Claudia Sand), 39 (Marita Müller)
Zentralinstitut für Kunstgeschichte/Margit Behrens: 138
Zoologische Staatssammlung München: 69
www.panobilder.de: 154, 155

Danksagung

Zuallererst möchte ich mich bei allen Bibliotheksdirektor*innen und -leiter*innen herzlich bedanken, die mir in vielen persönlichen Gesprächen wichtige Informationen gegeben haben und mir bei der Erarbeitung der Bibliotheksporträts mit Engagement und wichtigen Hinweisen zur Seite gestanden haben.

Mein besonderer Dank gilt dem Generaldirektor der Bayerischen Staatsbibliothek, Dr. Klaus Ceynowa, für sein treffendes Vorwort. Ebenso bedanke ich mich bei Peter Schnitzlein, dem Leiter des Stabsreferats Presse- und Öffentlichkeitsarbeit der Bayerischen Staatsbibliothek, für seine große Unterstützung.

Nicht zuletzt danke ich Prof. Dr. Andreas Otto Weber für Rat und Hilfe und Patricia Erkenberg M.A. für die kritische Durchsicht der Texte und ihre wertvollen Anmerkungen.

München im Oktober 2020

Brigitte Steinert